Pott – Bach · Fluß · See

**BLV Naturführer:**

Band 1 Tagfalter
Band 2 Nachtfalter
Band 3 Pilze
Band 4 Vögel
Band 5 Alpenblumen
Band 6 Heimische Pflanzen 1
Band 7 Strand + Küste
Band 8 Aquarienfische
Band 9 Mineralien
Band 10 Heimische Pflanzen 2
Band 11 Insekten
Band 12 Säugetiere
Band 13 Fische
Band 14 Giftpflanzen, Gifttiere
Band 15 Wasservögel, Strandvögel
Band 16 Bäume und Sträucher
Band 17 Bach – Fluß – See

und in der Reihe

**BLV Bestimmungsbücher:**

Band 1 Pilze
Band 2 Pflanzenführer
Band 3 Meeresfische
Band 4 Süßwasserfische
Band 5 Aquarienfische
Band 6 Heilpflanzen
Band 7 Steine + Mineralien
Band 8 Sterne + Planeten
Band 9 Tierspuren
Band 10 Pflanzen- und Tierwelt der Alpen
Band 11 Bäume + Sträucher
Band 12 Blumen am Mittelmeer
Band 13 Pflanzen Europas
Band 14 Hunderassen der Welt
Band 15 Insekten + Weichtiere
Band 16 Muscheln + Schnecken
Band 17 Edel- und Schmucksteine
Band 18 Katzenrassen der Welt
Band 19 Säugetiere Afrikas
Band 20 Wetterkunde für alle
Band 21 Die Höhlen Europas
Band 22 Bäume + Sträucher Europas
Band 23 Vögel
Band 24 Pferderassen der Welt
Band 25 Orchideen Europas
Band 26 Tierische Schädlinge
Band 27 Aquarienpflanzen

BLV Naturführer

# Bach - Fluß - See

Pflanzen und Tiere
nach Farbfotos bestimmen

Eckart Pott

BLV Verlagsgesellschaft
München Bern Wien

Bildnachweis:

Bayerische Landesanstalt für Fischerei: 87, 89o, 91, 93o; BLV Archiv Natur: 81o; Busch: 125u; Danegger: 113, 115u, 135; Diedrich: 105u, 123o; Eisenbeiss: 81u; Kahl: 101u; Löhr: 103o; Moosrainer: 129, 133, 137o; Paysan: 95o; Quedens: 117u, 125o; Reinhard: 61, 85, 89u, 97, 99, 103u, 111, 139u, 141; Rohdich: 57o, 59u, 101o, 137u; Sauer: 17ul, 37o/ul, 41u, 43u, 45, 47, 57ul, 59o, 65, 67o, 75o, 75ul, 83or/u, 119u; Trötschel: 115o; Wismath: 123u; Ziesler: 89o
Alle anderen Aufnahmen sowie das Titelbild stammen vom Autor
Zeichnungen: Hellmut Hoffmann

CIP-Kurztitelaufnahme der Deutschen Bibliothek

**Pott, Eckart:**
Bach, Fluß, See: Pflanzen u. Tiere nach Farbfotos bestimmen / Eckart Pott. – München, Bern, Wien: BLV Verlagsgesellschaft, 1979.
(BLV Naturführer; 17)
ISBN 3-405-12055-1

ISBN 3-405-12055-1

BLV Naturführer 17



Satz und Druck: Georg Appl, Wemding
Bindung: Conzella, Urban Meister, München

Printed in Germany

# Einleitung

Alles Wasser auf unserem Planeten ist in einen gigantischen Kreislauf einbezogen, der von der Sonne als Energiequelle angetrieben wird. Ein geringer Teil (0,0008%) ist in Form von Wasserdampf in der Atmosphäre festgelegt. Durch Niederschläge gelangt das Wasser auf die Erde. Von hier verdunstet es wieder und gelangt zurück in die Atmosphäre. Die größte Wassermenge (83,51%) ist in den Ozeanen festgelegt. Im Boden sind 15,45% gespeichert. 1,007% sind als Eis – auf den Polkappen und den großen Gletschergebieten der Erde – festgelegt. Das Grundwasser macht 0,015% aus, und schließlich sind ebenfalls 0,015% in den Binnengewässern festgelegt. Gegenüber den Meeren ist also die gesamte Wassermenge in den Binnengewässern verschwindend klein.
Während das Meer den ältesten Lebensraum auf der Erde darstellt, sind die meisten Seen erst nach der letzten Eiszeit entstanden, also relativ jung – rechnet man in Zeiträumen, in denen sich Evolutionsprozesse abspielen. Die Meere stellen »die Wiege des Lebens« dar, deshalb findet man in diesem Lebensraum auch eine derartige Fülle von Pflanzen- und Tierarten. Und die Meere bieten Organismen über lange Zeiträume hin konstante Lebensbedingungen! Von den Meeren aus wurden die Binnengewässer besiedelt. Hier ist die Artenfülle ungleich geringer. Hinzu kommt, daß Binnengewässer viel stärkeren jahres- und tageszeitlichen Schwankungen unterworfen sind als die Meere.

## Einteilung der Binnengewässer

Die Binnengewässer können in eine Reihe unterschiedlicher Typen aufgegliedert werden. Es lassen sich die oberirdischen von den unterirdischen Gewässern trennen. **Unterirdische Gewässer** sind einmal Höhlengewässer, die trotz ihrer ungewöhnlichen Lebensbedingungen eine ganze Anzahl charakteristischer Organismen beherbergen, etwa die Höhlenassel *(Asellus cavaticus)* oder den in Höhlen des dalmatinischen Karstgebirges vorkommenden Grottenolm *(Proteus anguinus)*. Einen weiteren großen unterirdischen Lebensraum bildet das Grundwasser, das ebenfalls speziell angepaßten Organismen Lebensmöglichkeit bietet.

Die zweite große Gruppe, die der **oberirdischen Gewässer**, gliedert man in stehende und fließende Gewässer auf. **Fließende Gewässer** sind etwa Quellen und ihre Abflüsse, dann die verschiedenen Typen von Bächen – Gebirgsbäche, Tieflandbäche etc. –, Flüsse und große Ströme.

**Stehende Gewässer** kann man einteilen in natürliche und künstliche Seen, Weiher und Tümpel. Seen lassen sich am besten dadurch kennzeichnen, daß sie eine flache Uferzone – ein Litoral – besitzen, die meist von Pflanzen besiedelt ist, und eine Tiefenzone – ein Profundal –, in der das Pflanzenwachstum wegen des Lichtmangels unmöglich ist. Künstliche Seen stellen die Talsperren dar. Weiher kann man als Seen mit nur geringer Wassertiefe auffassen, die kaum 3 m übersteigt. Litoral und Profundal kann man hier nicht abgrenzen, der gesamte Gewässerboden kann von Pflanzen besiedelt sein. Künstlich angelegte Weiher nennt man Teiche. Sie entstehen beispielsweise beim Aufstauen eines Baches. Oft reguliert ein Wehr den Wasserstand. Kleine Gewässer, die im Sommer oft austrocknen, bezeichnet man als Tümpel. Dann gibt es noch eine Vielzahl von Kleingewässern, etwa Regentümpel, Pfützen, kleine Wasseransammlungen in Felsvertiefungen, wassergefüllte Baumhöhlen und Pflanzenorgane.

Schließlich sollte man die Salzgewässer des Binnenlandes gesondert betrachten, da sie einen ganz eigenständigen Charakter haben. Man trifft sie vor allem in ariden Klimazonen an, in denen die Verdunstung den Niederschlag überwiegt.

## Fließgewässer

Fließgewässer sind ganz wesentlich von der **Strömung** her bestimmt, auf die sich die Organismen einstellen müssen. Denn gerieten sie in die Strömung, kämen sie zu Tode oder würden wenigstens eine mehr oder weniger lange Strecke abgedriftet. Man kann zwei Strömungsarten unterscheiden. Laminare Strömungen sind dadurch charakterisiert, daß sich einzelne Strömungsfäden nebeneinander her in Fließrichtung schieben. Bei turbulenten Strömungen reißen die Fäden auseinander, es kommt zu turbulenten Wasserbewegungen. Beide Strömungsarten kommen in einem Bach oder Fluß stets nebeneinander vor. Laminare Strömungen herrschen vor allem in den wassergefüllten Porenräumen im Bach- oder Flußbett, auf Steinen oder anderen im Wasser liegenden Substraten und in den Pflanzenpolstern von Moosen und Algen. Im übrigen aber dominieren Bereiche turbulenter Strömung.

Pflanzen und Tiere, die Fließgewässer besiedeln, müssen sich in irgendeiner Weise auf die Strömung als bestimmenden ökologischen Faktor einstellen. Sie tun dies auf verschiedene Weise. Algen bilden flache Lager aus, die eng dem Substrat aufliegen. Andere Formen bilden peitschenförmige Zellfäden aus, die sich in die Strömung einpassen. Die Fließwasseralgen sind natürlich stets am Untergrund festgehaftet. Die Zugfestigkeit solcher Algenfäden oder die der Stengel von Wasserpflanzen ist erstaunlich groß.
Tiere vermeiden es aktiv, in die Bereiche stärkerer Strömung zu geraten. So findet man sie meist auf der Unterseite von Steinen, vor allem bei Tag. Bei Nacht kommen viele auf die Oberseite, um dort auf Nahrungssuche zu gehen. Tiere verfügen aber auch über morphologische Anpassungen, um sich gegen die Strömung zu behaupten. Einmal kann die Form extrem an eine Lebensweise in der Strömung eingerichtet sein, wie es die Mützenschnecke *(Ancylus fluviatilis)* anschaulich zeigt. Insektenlarven sind oft sehr flach gebaut, um laminare Strömungsbereiche an Steinen besser auszunutzen. Ein Beispiel wäre die Larve der Eintagsfliege *Epeorus*. Schließlich haben vor allem wieder die Insektenlarven verschiedene Haftmechanismen entwickelt. Eintagsfliegenlarven der Gattung *Rhithrogena* haben eine Art Saugnapf auf der Bauchseite, die Larve der Lidmücke *Liponeura* ist mit ihren 6 großen Bauchsaugnäpfen geradezu ein Paradebeispiel für diese Möglichkeit der Anpassung an die Strömung. Andere Larven wiederum heften sich mit Krallen an den Füßen oder Haken am Hinterleib auf dem Untergrund fest.
Aber trotz aller dieser Mechanismen werden Tiere in Fließgewässern verdriftet, und zwar meist nach folgendem Tagesgang: Gegen die Abenddämmerung nimmt die Drift stark zu, weil die Tiere jetzt auf die Oberseite der Steine kriechen, um Nahrung zu suchen. Im Laufe der Nacht geht die Drift langsam zurück, um gegen Morgen den normalen Tageswert wieder zu erreichen.
Neben der Strömung prägt die **Temperatur** natürlich stark den Lebensraum Fließgewässer. Das Quellgebiet zeigt die konstantesten Temperaturbedingungen, sowohl im Tages- wie im Jahresgang. Bachabwärts nehmen dann Tages- und Jahresschwankungen langsam zu. Trotzdem ist jeder Abschnitt einem relativ konstanten Temperaturregime unterworfen.
Ähnliches trifft auch für den **Sauerstoffgehalt**, den **Gehalt an gelösten Substanzen** etc. zu.
Man kann daher darangehen, eine Gliederung der Fließgewässer in typische Abschnitte vorzunehmen. Bei Fischen hat man das zu einem System ausgearbeitet, das die entsprechend den Laichgewohnheiten, Vor-

zugstemperaturen und Sauerstoffbedürfnissen vorherrschenden Fischarten bzw. -familien darstellt: Im kalten und sauerstoffreichen Gebirgsbach herrschen die Salmoniden vor, vor allem die Bachforelle *(Salmo trutta* f. *fario)* und weiter unterhalb die Äsche *(Thymallus thymallus).* Flußabwärts folgen dominierend die Barbe *(Barbus barbus)* und der Brachsen *(Abramis brama).* Mündet der Fluß schließlich ins Meer, tritt im Brackwasserbereich noch die Flunder *(Platichthys flesus)* auf. Man kann also ein Fließgewässer von der Quelle zur Mündung in folgende Regionen gliedern: **Forellenregion, Äschenregion, Barbenregion, Brachsenregion, Kaulbarsch-Flunder-Region.** Eine andere mögliche Einteilung eines Fließgewässers zeigt das folgende Schema.

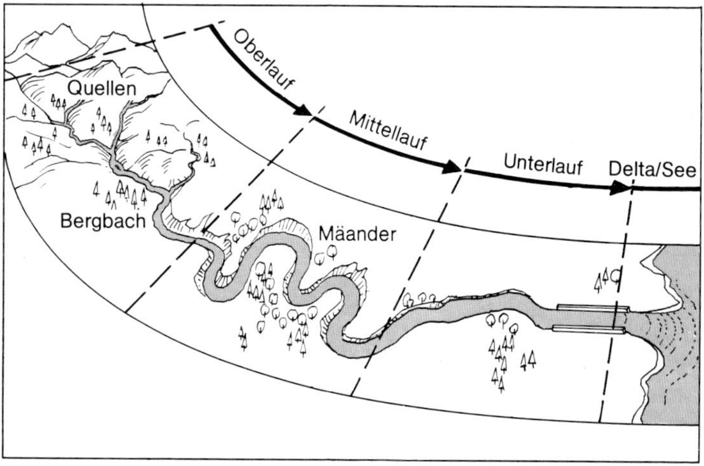


## Stehende Gewässer

Die Seen sind mittlerweile von allen Binnengewässern wohl am besten untersucht. Es lassen sich 3 große Lebensräume unterscheiden. Die Uferregion – das **Litoral** – ist gekennzeichnet durch den Übergang vom Land zum Wasser, durch geringe Wassertiefe einerseits und Wasserstandsschwankungen andererseits. Entsprechend treten hier auch recht große Temperaturschwankungen etc. auf. Das freie Wasser – das **Pelagial** – ist demgegenüber schon geringeren Schwankungen unterworfen. Es ist der Lebensraum des Planktons, einer Lebensgemeinschaft, auf die noch eingegangen wird. Die weitgehend lichtlose Tiefen-

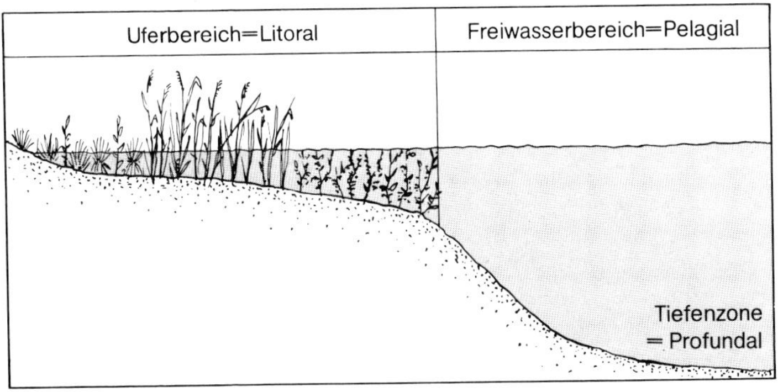


zone – das **Profundal** – ist der Lebensraum im See, der die konstantesten Umweltbedingungen bietet.
Dennoch ist ein See großen jahreszeitlichen Veränderungen unterworfen. Im Sommer ist typischerweise eine starke Temperaturschichtung im See ausgebildet. Man spricht vom Stadium der Sommerstagnation. Oben liegt entsprechend der hohen Lufttemperaturen warmes Wasser, diese Schicht bezeichnet man als **Epilimnion.** Darunter liegt die Sprungschicht – das **Metalimnion** –, in der die Temperatur stark abnimmt bis zur Temperatur der Tiefenschicht – des **Hypolimnions** –, die normalerweise bei 4° C liegt. Bei dieser Temperatur hat Wasser die größte Dichte. Gegen den Herbst zu kühlt die Seeoberfläche ab, bis der gesamte Was-

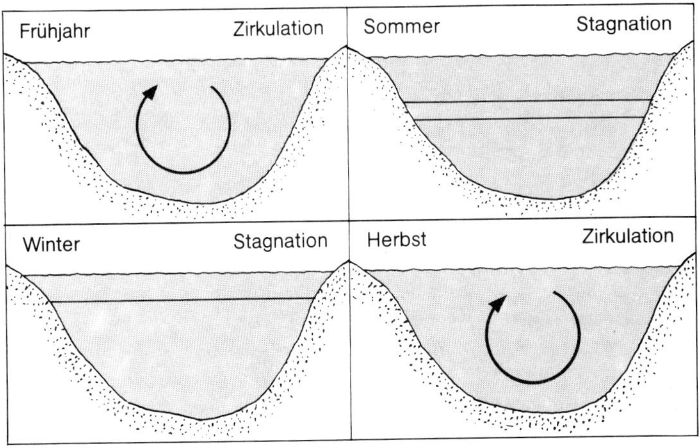

serkörper eine einheitliche Temperatur zeigt. Die Schichtung ist aufgelöst, und die Herbststürme können das Wasser umwälzen. Man spricht von der Herbstzirkulation. Im Winter kühlt die Oberfläche stärker ab. Es bildet sich das Stadium der Winterstagnation aus. Das Tiefenwasser ist jetzt wärmer als das Oberflächenwasser. Im Frühjahr wird das oben liegende Wasser wieder langsam aufgewärmt, die winterliche Schichtung wird wieder aufgelöst, und es kann wieder zu Zirkulationen des Wasserkörpers kommen. Schließlich wird wieder die stabile Sommerschichtung ausgebildet. Nach dem Typ der vorherrschenden Zirkulation kann man Seen nun einteilen. Denn die oben beschriebenen Verhältnisse treffen durchaus nicht für jeden See zu. Man bezeichnet Seen mit zweimaligem jährlichen Wechsel von Zirkulation und Stagnation als dimiktisch. In monomiktischen Seen wird das Wasser nur einmal im Jahr umgeschichtet. Treten Zirkulationen nur sporadisch auf, spricht man vom oligomiktischen Seetypus. In polymiktischen Seen können Zirkulationen häufig, manchmal sogar täglich auftreten. Schließlich kann es geschehen, daß nur Teile des gesamten Wasserkörpers eines Sees umgeschichtet werden; man spricht von einem meromiktischen See, im Gegensatz zum holomiktischen Typ, wo die gesamte Wassermasse zirkuliert.

Ein Seetypen-System kann aber auch auf Grund anderer Kriterien aufgestellt werden, etwa der **Trophie**, worunter man die Intensität der biologischen Produktion versteht. Ein schwach produktiver See wird oligotroph genannt, während man einen stark produktiven See als eutroph bezeichnet. Dazwischen gibt es Übergänge, die unter den Begriff mesotroph fallen. Moorgewässer bezeichnet man als dystroph. Hier sei noch auf einen Begriff eingegangen, der in der Gewässerschutz-Diskussion eine große Rolle spielt: **Eutrophierung.** Darunter ist zu verstehen, daß ein ursprünglich oligo- oder mesotropher See durch die Zufuhr von Abwässern seinen Charakter hin zu einem eutrophen Typ ändert. Mit anderen Worten, die zusätzlich eingeführten Nährstoffe führen zu einer Erhöhung der biologischen Produktion. Eutrophierung an sich ist kein negativer Prozeß. Nur kann die Produktion so angeheizt werden, daß die Abbauprozesse nicht mehr nachkommen und am Gewässerboden sauerstoffzehrender Faulschlamm entsteht. Die Tiefenzonen solcher Seen sind häufig sauerstoffrei und oft schwefelwasserstoffhaltig. Organismen können diese Zone dann kaum mehr besiedeln.

**Der Vegetationsgürtel am Rand von Seen** Am Rand nährstoffreicher Seen und Weiher tritt immer wieder dieselbe Zonierung bestimmter Pflanzen auf. Nähert man sich vom Land her der freien Wasserfläche, so durchquert man zunächst einen Bruchwald, normalerweise von Erlen

*(Alnus spec.)* gebildet, der sich in einen Buschwald aus Weiden *(Salix spec.)* und Faulbaum *(Rhamnus frangula)* auflöst. Dann stößt man in eine breite Zone vor, in der verschiedene Arten von Sauergräsern, vor allem Seggen *(Carex spec.)*, das Bild beherrschen. Hier ist der Boden oft monatelang trocken, dennoch reicht das Grundwasser ständig in den Hauptwurzelraum. Seewärts schließt sich ein ganz typischer Lebensraum an, das Röhricht. Vor allem das Schilf *(Phragmites communis)* dominiert hier, meist von nur wenigen anderen Pflanzenarten begleitet. An nährstoffreicheren Stellen, etwa im Bereich von belasteten Flußmündungen, tritt der Rohrkolben *(Typha spec.)* auf, der das Schilf stellenweise ganz verdrängen kann. An lichten Stellen kann man im Röhricht den Igelkolben *(Sparganium spec.)*, den Tannenwedel *(Hippuris vulgaris)*, das Pfeilkraut *(Sagittaria sagittifolia)* oder den Froschlöffel *(Alisma plantago-aquatica)* antreffen. In relativ ruhigen Gewässern bildet die Sumpfbinse *(Scirpus lacustris)* den Vorposten des Röhrichts. Diese Pflanze kann auch unter Wasser Photosynthese machen und daher in tieferes Wasser vordringen als das Schilf. Dann aber wird das Wasser so tief, daß sich die Schwimmblattpflanzen durchsetzen, die am Boden des Gewässers wachsen, deren Blätter aber auf der Wasseroberfläche liegen. Hierzu gehören vor allem die Seerose *(Nymphaea alba)*, die Teichrose *(Nuphar lutea)* und verschiedene Laichkrautarten *(Potamogeton spec)*. Einige andere Laichkrautarten leben submers (untergetaucht), und nur ihre Blüten reichen aus dem Wasser heraus. Schließlich sind es größere Algen, die am weitesten ins Wasser vorstoßen; die Armleuchteralgen *(Chara spec.)* bilden den Abschluß der Zonierung höherer Pflanzen gegen das freie Wasser.

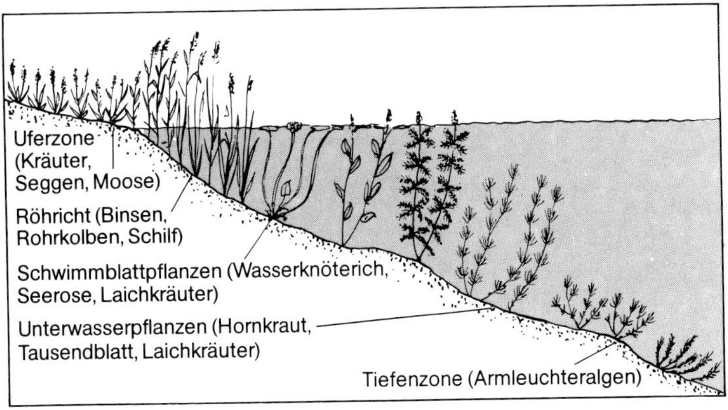

**Das Plankton** Das Pelagial eines Sees mag als eintöniger Lebensraum erscheinen, beherbergt aber eine große Fülle von im Wasser schwebenden Organismen, die in ihrer Gesamtheit als Plankton bezeichnet werden. Die im Wasser gelösten Nährstoffe – Phosphor, Stickstoff etc. und im Wasser gelöstes Kohlendioxid – ermöglichen zusammen mit der Strahlung eine starke pflanzliche Produktion. Mikroskopisch kleine Algen verschiedener systematischer Gruppen bilden das **Phytoplankton.** Für sie ist es lebenswichtig, möglichst lange in oberflächennahen Wasserschichten zu bleiben, denn nur hier ist genügend Licht für die Photosynthese vorhanden. Da sich nur wenige Formen aktiv bewegen können, müssen die meisten Planktonalgen versuchen, möglichst langsam abzusinken. Um die Sinkgeschwindigkeit klein zu halten, haben sie verschiedene Mechanismen der Anpassung entwickelt. Ihr spezifisches Gewicht liegt ja über dem des Wassers, daher können sie versuchen, sich mit Hilfe von Gasblasen »leichter zu machen«. Tatsächlich findet man bei vielen Algen Gasvakuolen in den Zellen, die oft so wirksam sind, daß die Algen bei Massenentwicklungen zu sogenannten Wasserblüten an der Oberfläche aufrahmen. Andere Formen haben große Gallerten um die Zellen herum angelegt. In der Zelle eingelagerte Fettkugeln lassen die Zellen ebenfalls langsamer absinken. Eine andere Möglichkeit der Anpassung liegt darin, die Form zu verändern. Es gibt Algenarten, die wie Scheiben gebaut sind, andere wie kleine Sterne – alles läuft im Prinzip darauf hinaus, einen gewissen Fallschirm-Effekt zu erzeugen.

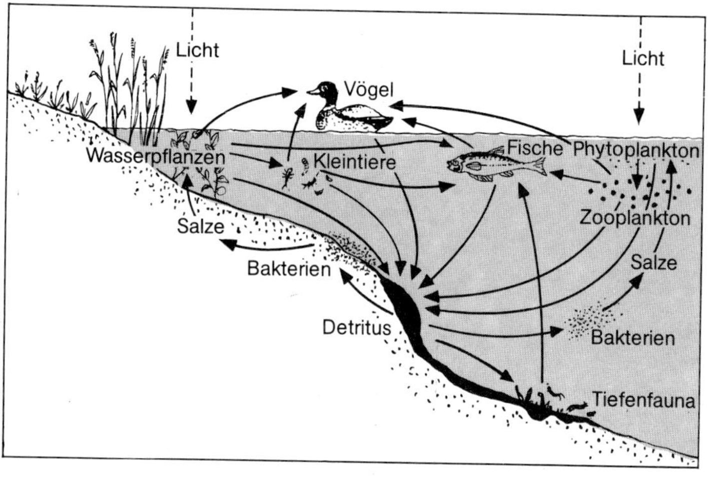

Die beschriebenen Mechanismen gelten im Prinzip auch für das **Zooplankton**, das im Süßwasser ungleich artenärmer ist als im Meer und im wesentlichen von Rädertieren *(Rotatoria)* und verschiedenen Kleinkrebsen gebildet wird. Nur wenige andere Tiergruppen stellen ebenfalls einzelne Planktonformen. Zu erwähnen sind die Larve der Büschelmücke *Corethra* oder die Larve der Wandermuschel *(Dreissena polymorpha)*. Kleinkrebse, *Corethra-* und *Dreissena*-Larven kann man gerade noch mit bloßem Auge beobachten, die Rädertiere erfordern ein Mikroskop.
Die Rädertiere erzeugen mit ihrem Räderorgan einen Wasserstrom, der ihnen ständig die Nahrung in Form der kleinen Planktonalgen zuführt. Die meisten Wasserflöhe und Hüpferlinge ernähren sich ähnlich. Andere Formen leben räuberisch, sie fressen andere Zooplankter. Das Zooplankton ist wiederum Beute verschiedener Fischarten, etwa von Jung-Barschen, von Stichlingen und von den Felchen. Diese pelagischen Nahrungsbeziehungen sind mittlerweile gut untersucht. Das Schema auf S. 12 stellt diese und die weiteren Nahrungsketten im See dar.

Bei 3 oder 4 Bildern pro Seite gehören – wenn nichts anderes vermerkt – die Texte der Reihenfolge nach zum Bild links oben, rechts oben, links unten, rechts unten.

## **Schilfrohr** *Phragmites communis*

Kosmopolitisch verbreitet. In Mitteleuropa ist das Schilf in Sumpfgebieten und auf vermoorten Wiesen, vor allem aber am Rande stehender und langsam fließender Gewässer überall häufig. Typisch ist es als aspektbestimmende Pflanze der Röhrichte an den Ufern von Weihern und Seen, wo es einen ganzen Lebensraum gestaltet. Bis in eine Wassertiefe von 1,50 m dringt die Pflanze vor. Seewärts schließen sich die Zonen der Schwimmblatt- und der Unterwasserpflanzen an.
Das Schilf besitzt einen weit verzweigten Wurzelstock, aus dem an verschiedenen Stellen die knotigen Halme aufsteigen, die 1 bis 4 m hoch werden. Die Halme sind – wie bei allen Gräsern – ungemein biegsam. Die Blätter – in der Form lanzettlich und zugespitzt – besitzen eine lange Scheide, die es ihnen begrenzt ermöglicht, sich entsprechend den Windverhältnissen zu drehen. Die Blütenrispe wird über 40 cm lang, steht leicht einseitswendig und trägt zahlreiche Einzelblüten. Die Blütezeit liegt im August/September. Die Früchte reifen jedoch erst im Januar, sind aber selten, so daß sich das Schilf meist auf ungeschlechtlichem Wege durch Wurzelstocksprosse vermehrt. Eine andere Form der Ausbreitung bilden die sogenannten Legehalme, oberirdische Ausläufer, die bis zu 10 m Länge auswachsen können und an den Knoten Wurzeln und Sprosse entwickeln.
Das Schilf bestimmt nicht nur den Aspekt und die Struktur des Lebensraumes Röhricht, sondern verändert diesen auch. Die Pflanze trägt nämlich wesentlich zur Verlandung der Gewässerufer bei. Zwischen den Halmen sammeln sich große Mengen eingeschwemmten Pflanzenmaterials, aber auch Schlamm- und Tonteilchen an. Ist genügend Material zusammengetrieben, können Landpflanzen weiter vordringen. Setzt sich dieser Prozeß fort, kann ein Weiher nach und nach verschwinden und in ein Flachmoor übergehen. Das Schilf ist auch in anderer Hinsicht von ökologischer Bedeutung, etwa als Laichrevier für Amphibien und Fische. Im Röhricht finden verschiedene Vogelarten Nistmöglichkeiten, vor allem die spezialisierten Rohrsänger. Auf den Halmen wachsen unter dem Wasserspiegel zahllose Algen, die wiederum Schnecken und anderen Wassertieren als Nahrung dienen. Weitere Beispiele ließen sich anführen.
Schließlich hat man in den letzten Jahren verstärkt festgestellt, daß die Schilfbestände mancherorts zonenweise absterben. Viele Ursachen hat man in Erwägung gezogen, etwa den Schwanenfraß oder die Verschmutzung der Gewässer. Genaue Untersuchungen über dieses »Schilfsterben« werden im Moment durchgeführt.

## **Breitblättriger Rohrkolben** *Typha latifolia*

Bei uns kommt die Gattung *Typha* in 5 Arten vor, von denen der Schmalblättrige *(Typha angustifolia)* und der Breitblättrige Rohrkolben am häufigsten auftreten. Letzterer hat 1 bis 2 cm breite, blaugrüne Blätter. Die Pflanze wird bis 2 m hoch und wächst bevorzugt in der Verlandungszone stehender Gewässer, wobei sie nährstoffreiche Standorte bevorzugt.

## **Sumpf-Binse** *Scirpus lacustris*

Fast kosmopolitisch verbreitet, in Mitteleuropa häufig und am Rande von Weihern und Seen gesellig wachsend. Bestände der Sumpf-Binse bilden häufig die seewärtige Fortsetzung des Schilfgürtels. Ihr Wurzelstock ist recht kurz, die Stengel können bis 3 m lang werden und stehen steif aufrecht. Die Blüten sind in mehreren Ährchen büschelig angeordnet. Die Sumpf-Binse blüht im Juni/Juli.

## **Ästiger Igelkolben** *Sparganium ramosum*

Es gibt in Deutschland 5 Arten der Gattung *Sparganium,* von denen der Ästige Igelkolben wohl am häufigsten vorkommt. Er bildet an einer kriechenden Grundachse bis zu 80 cm lange Stengel aus. Diese tragen auch an den Seitenästen Blütenstände, daher der Name. Die unteren Köpfchen tragen die weiblichen, die oberen die männlichen Blüten. Der Ästige Igelkolben kommt bei uns an schlammigen Ufern stehender und langsam fließender Gewässer vor und ist über die gemäßigte Zone der gesamten alten Welt verbreitet. Bei uns blüht er von Juni bis August.

## **Schneide** *Cladium mariscus*

In Europa mit Ausnahme Nordskandinaviens weit verbreitet, aber zerstreut vorkommend. In Mitteleuropa wächst dieses stattliche Sauergras an den Rändern nährstoffärmerer Weiher, die sich durch hohen Kalkgehalt auszeichnen, in Flachmoortümpeln, an Quellen und in Gräben. Wo sie entsprechende Standortbedingungen vorfindet, tritt die Pflanze in herdenartigen Beständen auf. Die Schneide wird 80 bis 200 cm hoch und hat in den Blättern Kieselzellen-Versteifungen, die vor allem an den Rändern ausgebildet sind. Hier haben sie die Form kleiner Widerhaken, mit denen sich die Pflanze vor dem Gefressenwerden schützt. Im Juni/Juli steht die Schneide in voller Blüte.

## Gemeiner Froschlöffel *Alisma plantago-aquatica*

Kosmopolitisch verbreitet; in Deutschland in flachen, schlammigen Buchten von Weihern und Seen, in Sümpfen und Gräben, wo die Pflanze oft massenhaft auftritt. Der Froschlöffel besitzt einen knollig verdickten Wurzelstock. Die langgestielten, eiförmig-linealischen Blätter stehen in einer Rosette, aus der der pyramidenförmige, rispige Blütenstand emporwächst. Von Juni bis September kann man die Pflanze blühend antreffen.

## Pfeilkraut *Sagittaria sagittifolia*

Über das gemäßigte Europa und Asien verbreitet. Bei uns kommt das Pfeilkraut zerstreut in Flachwasserzonen stehender und langsam fließender Gewässer mit schlammigem Grund vor. Die Pflanze überwintert mit Knollen, die von unterirdischen Ausläufern im Herbst gebildet werden. Im Frühjahr werden daraus erst die bandförmigen Wasserblätter gebildet, dann langgestielte Schwimmblätter und schließlich die charakteristischen pfeilförmigen Luftblätter. Von Juni bis August trifft man das Pfeilkraut blühend an. Der dreikantige Blütenschaft trägt quirlständig unten die weiblichen, oben die auffälligeren männlichen Blüten.

## Teich-Schachtelhalm *Equisetum fluviatile*

Verbreitet über Europa bis hinein nach Nordasien und Nordamerika. In Deutschland trifft man diesen Schachtelhalm oft herdenweise am Rande von Weihern und Seen an, bis in Lagen von 2400 m Höhe. Die Pflanze hat eine lang-kriechende Grundachse und einen Sproß, der bis 1,20 m hoch werden kann und meist unverzweigt bleibt. Die endständige Sporenähre wird im Mai/Juni ausgebildet.

## Kalmus *Acorus calamus*

Ursprünglich heimisch in Ostasien, aber als Heilpflanze in geschichtlicher Zeit in weiten Teilen Europas eingebürgert, in Deutschland erst im 18. Jahrhundert. Der Kalmus kommt in den flachen Uferzonen nährstoffreicher Weiher und Seen in oft ansehnlichen Beständen vor, seine Vorkommen liegen aber zerstreut. Die Pflanze besitzt einen kräftigen ausdauernden Wurzelstock, aus dem die langen, schwertförmigen Blätter emporwachsen. Der Blütenkolben erscheint im Juni/Juli und wird bis zu 8 cm lang. Der Kalmus vermehrt sich bei uns ungeschlechtlich durch Wurzelstocksprosse.

## **Gelbe Schwertlilie** *Iris pseudacorus*

Über die ebenen Lagen Europas, Vorderasiens und Nordamerikas verbreitet. In Deutschland ist die Gelbe Schwertlilie überall in Wald- und Wiesensümpfen, an Gräben und Flußufern und in der Verlandungszone am Rande von Seen und Teichen anzutreffen. Zuweilen säumt sie die Teichufer über weite Strecken.

Ihren Namen verdanken die Schwertlilien den linealischen, säbelförmigen Blättern, die 1 bis 3 cm breit und 50 cm bis 1 m lang werden können. Sie wachsen aus einem dicken, überdauernden Wurzelstock hervor, der gewöhnlich noch stark verzweigt ist, so daß fast immer ein horstartiges Wachstum zustande kommt. In der Mitte des Horstes werden im Mai/Juni die Blütenstengel emporgeschoben. An ihnen sitzen krautige Hochblätter. Meist überragen die Blütenstengel die Blätter nur wenig. Die großen, langgestielten, sattgelben Blüten stehen in einer kleinen Traube, die in einer Gipfelblüte endet. Die äußeren 3 Blütenblätter des Perigons sind zurückgeschlagen, innen stehen 3 aufrecht. Auf diese Weise kommt der auf den ersten Blick verwirrende Bau der *Iris*-Blüte zustande. Eine feine braune Linienzeichnung unterbricht das satte Gelb der äußeren Blütenblätter. Als Bestäuber der Blüten kann man meist Hummeln oder Schwebfliegen beobachten.

Am Rande von Gewässern, aber mehr auf den landeinwärts liegenden, flachmoorartig ausgebildeten Uferwiesen kann man eine weitere *Iris*-Art antreffen, die blau blühende Sibirische Schwertlilie *(Iris sibirica).* Sie ist aber in Deutschland selten geworden. Ein schönes Refugium hat diese Pflanze an den Ufern des Bodensees gefunden, wo weite Uferbezirke als Naturschutzgebiete ausgewiesen sind. Im Mai und Juni kann man sie dort zu Tausenden beobachten. Und ganz selten findet man auch weißblühende Exemplare darunter.

## **Krebsschere** *Stratiotes aloides*

Von Mitteleuropa bis Westsibirien verbreitet; die Vorkommen der Krebsschere liegen jedoch zerstreut. Sie bevorzugt stehende oder langsam fließende Gewässer. Meist wächst die Pflanze in der Verlandungszone am Rande von Seen, wo sie oft in ausgedehnten, rasenartigen Beständen auftritt. Die breit-linealischen Blätter der Krebsschere, die bis 40 cm lang und 4 cm breit werden können und die an ihren Rändern stachelig gesägt sind, bilden eine trichterförmige, dichte Rosette. Unten entwickelt sich ein dichtes Büschel von Wasserwurzeln. Die Pflanze ist zweihäusig. Sie bildet in den Blattachseln 1- bis 2-blütige Blütenstände aus; die Blüten entspringen aus einem Hochblatt. Die Blüte selbst ist aus 3 grünen Kelchblättern und 3 großen, weißen Kronblättern aufgebaut. Von Mai bis Juli kann man blühende Exemplare bei uns antreffen. Die Krebsschere breitet sich aber auch ungeschlechtlich über Ausläufer aus: In den Blattachseln bilden sich Knospen, die lang auswachsen und am Ende Blätter und Wurzeln bilden. Schließlich werden von der Pflanze auch Winterknospen gebildet.
Besonders interessant ist, daß die Pflanze im Winter auf dem Gewässerboden im Schlamm wächst, dann im Frühsommer an die Wassseroberfläche emporsteigt, wo sie halb untergetaucht frei schwimmt, Blüten ausbildet und nach dem Blühen wieder in den Schlamm absinkt, um dort zu überwintern.

## **Tannenwedel** *Hippuris vulgaris*

Fast weltweit, aber dabei lückenhaft verbreitet. Bei uns kommt der Tannenwedel bevorzugt in Weihern und Seen mit relativ kühlem und kalkhaltigem Wasser vor, wo er meist herdenartige Bestände bildet. Je nach Standort lebt der Tannenwedel als halbuntergetauchte Überwasserpflanze oder rein submers. Entsprechend den Standortsbedingungen können die Triebe bis zu 2 m lang werden. An ihnen stehen in Quirlen 6 bis 12 schmale Blätter, die außerhalb des Wassers waagerecht abstehen, unter Wasser aber schlaff herabhängen. Der lange Trieb geht in einem ausdauernden, kriechenden Wurzelstock über, der die Pflanze im Boden verhaftet. Trotzdem der Tannenwedel wie ein Schachtelhalm aussieht, ist er eine Blütenpflanze, die allerdings nur ganz unscheinbare Blüten entwickelt. Sie stehen einzeln in den Blattachseln der Luftblätter und bestehen nur aus einem Staubblatt und einem Fruchtknoten. Von Mai bis August kann man bei uns den Tannenwedel blühend antreffen.

## Sumpf-Dotterblume *Caltha palustris*

Weit verbreitet in ganz Europa, in Nordamerika, Mittel- und Nordasien. Bei uns kommt die Sumpf-Dotterblume überall an Graben- und Bachrändern, am Rande verlandender Gewässer, aber auch auf sumpfigen, moorigen Wiesen und in Quellsümpfen vor. Als »Halbwasserpflanze« kann sie unter Wasser Blätter und sogar Blüten ausbilden. Je nach Höhenlage – die Pflanze ist von der Ebene bis in 2000 m Höhe und mehr anzutreffen – erscheinen im März/April die auffälligen gelben Blüten. Deren Blütenhülle ist einfach, also nicht in Kelch und Krone gegliedert. Die Blüte weist 5 Kronblätter, 20 und mehr Staubgefäße und 5 bis 10 Stempel auf, zwischen denen kleine Honigdrüsen sitzen. Als Bestäuber besuchen Bienen, Hummeln, Fliegen, manchmal auch kleine Käfer, die Blüten der Sumpf-Dotterblume. Nach der Befruchtung bilden sich die mehrsamigen, kurzgeschnäbelten Balgfrüchte aus, die beim Reifen an der Oberseite von den Spitzen nach unten aufreißen und die Samen entlassen. Die ausdauernde, 15 bis 40 cm hohe Pflanze entwickelt einen kräftigen Wurzelstock, von dem sich zahlreiche strangartige Wurzeln im Boden ausbreiten. Die liegenden oder aufsteigenden, am Grund rötlich überlaufenen Stengel sind hohl, saftig und verzweigen sich nach oben hin. Die sattgrünen, unbehaarten Blätter mit dem gekerbten Rand, der rundlich-herzförmigen Basis und den langen, rinnigen Stengeln lassen eine eindeutige Bestimmung zu, auch wenn die Pflanze in nichtblühendem Zustand angetroffen wird.

## Drachenwurz, Schlangenwurz *Calla palustris*

Über das nördliche und mittlere Europa, Sibirien und das atlantische Nordamerika verbreitet. In Deutschland fehlt die Drachenwurz über weite Strecken. Am ehesten kann man ihr noch in Norddeutschland begegnen. Sie wächst an den Ufern von Tümpeln und Weihern, in Waldsümpfen und Moorschlenken, in Erlenbrüchen, am Rand von Hochmooren und vor allem in aufgelassenen Torfstichen. Wo sie vorkommt, bildet sie meist ausgedehnte, dichte Bestände. Die Pflanze überdauert den Winter mit einem kräftigen Wurzelstock, aus dem in zwei Zeilen die aufrechten, langgestielten Blätter austreiben, deren rundliche oder herzförmige Form charakteristisch ist. Von Mai bis Juli sind die Blütenkolben anzutreffen, die von einer flachen weißlichen Scheide eingehüllt werden. Der etwa 2 cm lange Kolben ist dicht mit Zwitterblüten besetzt. Wenn die Kolben im Herbst dicht mit roten Früchten besetzt sind, erinnert die Drachenwurz an den Aronstab *(Arum maculatum),* mit dem sie in der Tat nahe verwandt ist.

## **Weiße Seerose** *Nymphaea alba*

Über fast ganz Europa verbreitet. In Mitteleuropa kommt die Weiße Seerose in stehenden Gewässern vor und bevorzugt dort die Verlandungszone, besonders stille Buchten. Sie ist eine Charakterpflanze innerhalb der Zone der Schwimmblattpflanzen, die sich dem Röhricht seewärts anschließt. Die Seerose geht kaum weiter als über eine Wassertiefe von 1,50 m hinaus. Sie besitzt einen dicken, kriechenden Wurzelstock, der bis 1 m lang werden kann. Er ist allseits mit Blattnarben und Wurzeln besetzt. Am Wurzelstock treiben zwei verschiedene Typen von Blättern aus, einmal die salatartigen Unterwasserblätter, zum anderen die typischen, langgestielten Schwimmblätter. Diese rundlichen, ledrigen Blätter weisen am Grund eine tiefe, schmale Bucht auf. Von den Blättern der Gelben Teichrose (Seite 29) kann man sie gut dadurch unterscheiden, daß sich ihre Seitennerven gegen den Blattrand hin rechtwinklig verzweigen und miteinander verbinden. Die Gelbe Teichrose hat demgegenüber dreimal strahlig verzweigte Seitennerven, die nicht untereinander verbunden sind. Blühende Pflanzen kann man natürlich nicht verwechseln. Die großen Seerosenblüten mit den 4 grünen Kelchblättern und den vielen spiralig angeordneten weißen Kronblättern, die allmählich in die zahlreichen gelben Staubblätter übergehen, sind unverkennbar. Die Weiße Seerose kann man von Juni bis September blühend antreffen. Im Gebiet kommt noch die nahe verwandte und sehr ähnliche Glänzende Seerose *(Nymphaea candida)* vor. Diese Art erkennt man am ehesten daran, daß ihre Kronblätter kürzer als die Kelchblätter sind.

## **Seekanne** *Nymphoides peltata*

Von Süd- über Mitteleuropa und das gemäßigte Asien bis nach Japan verbreitet. In Deutschland kommt die Seekanne nur zerstreut vor, dann aber gesellig. Sie wächst meist in stehenden, aber auch in träge fließenden Gewässern. In Gebirgslagen fehlt sie. Die Seekanne hat einen langen kriechenden Wurzelstock. Der Stengel ist wechselständig mit Schwimmblättern besetzt, die der Weißen Seerose in der Form ähneln, aber wesentlich kleiner sind. Die Blütenstände bestehen aus 2 oder 3 übereinandergestellten Blütenquirlen. Die gelben Blüten messen etwa 3 cm im Durchmesser und zeigen eine trichterförmige, tief 5-lappige Blumenkrone. Die einzelnen Zipfel sind am Rande bewimpert. Die Blütezeit der Seekanne liegt zwischen Juli und September. Die Pflanze vermehrt sich kaum durch Samen, sondern meist auf ungeschlechtlichem Wege über den Wurzelstock.

## Gelbe Teichrose *Nuphar lutea*

Von Europa durch das mittlere Asien bis nach Sibirien verbreitet. In Mitteleuropa ist die Gelbe Teichrose auf stehenden oder sehr langsam fließenden Gewässern mit Schlammgrund häufig anzutreffen, vor allem in der Verlandungszone von Weihern und Seen. Wie die Seerose (Seite 27), ist sie ebenfalls eine typische Pflanze der Schwimmblattgesellschaften, geht aber etwas weiter – bis zu einer Wassertiefe von 2 m – hinaus. Ihr Wurzelstock kann bis 10 cm dick und 3 m lang werden. Er trägt zahlreiche Blattnarben und Büscheln von Wurzeln. An der Spitze des Wurzelstocks entwickeln sich erst die auch für die Seerose beschriebenen »Salatblätter«, dann die langgestielten Schwimmblätter. Die Gelbe Teichrose blüht zwischen Mai und September.

## Wasserknöterich *Polygonum amphibium*

Über die gesamte nördliche gemäßigte Zone verbreitet. In Mitteleuropa ist der Wasserknöterich überall häufig sowohl in stehenden und langsam fließenden Gewässern anzutreffen, als auch auf nassen Wiesen. Dieser Knöterich kommt von der Ebene bis in Gebirgslagen um 2000 m Höhe vor. Er überwintert mit einem kriechenden Wurzelstock und blüht von Juni bis September. Die Wasserform hat einen etwa 1 m langen Stengel, der von Luftkanälen durchzogen wird. Sie hat langgestielte, elliptische Schwimmblätter, die dunkelgrün gefärbt sind und sich ledrig anfühlen. Demgegenüber hat die Landform kürzer gestielte, schmalere und weichhäutige Blätter.

## Schwimmendes Laichkraut *Potamogeton natans*

Die Gattung *Potamogeton* ist in Mitteleuropa mit rund 20 Arten vertreten, wobei manche Arten untereinander Bastarde bilden können, ihre Bestimmung also nicht ganz leicht ist. Das Schwimmende Laichkraut ist eine Art, die Schwimmblätter aufweist, andere Arten leben submers. Die Gattung *Potamogeton* ist charakteristisch für die Übergangszone Schwimmblattpflanzen – Unterwasserpflanzen. Einige Arten gehören noch mit Seerose und Teichrose in die eine, andere Arten sind zusammen mit der Wasserpest *(Elodea canadensis)* und anderen Formen typisch für die seewärts folgende Zone. Das Schwimmende Laichkraut ist in den gemäßigten und subtropischen Zonen beider Halbkugeln verbreitet und bei uns in stehenden und langsam fließenden Gewässern bis über 2000 m Höhe recht häufig anzutreffen. Seine Blütezeit liegt zwischen Mai und August.

## **Kleine Wasserlinse** *Lemna minor*

Die Familie der Wasserlinsengewächse *(Lemnaceae)* ist in Mitteleuropa in 3 Gattungen mit insgesamt 5 Arten vertreten. Darunter ist auch die kleinste Blütenpflanze der Erde, die nur 1 bis 1,5 mm (!) große Zwerglinse *(Wolffia arrhiza)*. Die Kleine Wasserlinse ist weltweit verbreitet und bei uns auf stehenden Gewässern bis in 1800 m Höhe überall anzutreffen. Die »Linsen« – also die Sprosse – messen 2 bis 3 mm im Durchmesser, sind flach und tragen auf der Unterseite nur eine Wurzel, wie alle 3 Arten der Gattung *Lemna*. Die bis 5 mm große Teichlinse *(Spirodela polyrhiza)* trägt im Unterschied dazu auf der Unterseite ein ganzes Büschel von Wurzeln.

## **Froschbiß** *Hydrocharis morsus-ranae*

In Europa und in Asien bis nach Sibirien verbreitet. Bei uns kommt der Froschbiß zerstreut in ruhigen Buchten von Seen vor, auf träge fließenden Gräben und, da er kalkarmes Wasser bevorzugt, auch in aufgelassenen Torfstichen und anderen Moorgewässern. Der Froschbiß ist – im Gegensatz zu See- und Teichrose – eine Schwimmblattpflanze, die keinen Wurzelstock ausgebildet hat, sondern ihre Nährstoffe über ein Büschel unverzweigter Wasserwurzeln direkt aus der Umgebung bezieht. Die runden, am Grund herzförmigen Schwimmblätter werden bis 4 cm im Durchmesser groß und liegen wie eine Rosette auf dem Wasser. Allerdings bildet die Pflanze Ausläufer, an deren Ende wieder eine neue Rosette erscheint, so daß dichte Decken dieser Schwimmblätter entstehen können. Die Blüten sind aus 3 Kelch- und 3 weißen Kronblättern aufgebaut und erscheinen zwischen Mai und August.

## **Flutender Hahnenfuß** *Ranunculus fluitans*

In Süd- und Mitteleuropa, in Nordafrika und im gemäßigten Nordamerika verbreitet. Bei uns kommt dieser aquatisch lebende Hahnenfuß – es gibt noch einige weitere aquatische *Ranunculus*-Arten – zerstreut in Bächen und Flüssen vor. Die Pflanze bildet untergetaucht flutende Stengel aus, die bis 6 m lang werden können. Entsprechend den Lebensbedingungen im Fließwasser ist die Blattform völlig anders gestaltet als bei Landformen: das Blatt ist aufgelöst in lange, parallel gerichtete Zipfel. Zwischen Juni und August erscheinen über Wasser die bis 2 cm großen Blüten, die aus 5 grünen Kelch- und 5 weißen Kronblättern aufgebaut sind. Früchte können oft nicht gebildet werden, weil Überflutung eine Bestäubung durch Insekten unmöglich macht.

## **Großer Algenfarn** *Azolla filiculoides*

Der Große Algenfarn stammt ursprünglich aus den warmgemäßigten und subtropischen Regionen Nord-, Mittel- und Südamerikas. In der europäischen Flora ist er ein Neubürger, ein Neophyt. Aus Gewächshäusern und Aquarien gelangte er gelegentlich ins Freiland und hat sich heute an verschiedenen Stellen im Rhein-, Main- und Neckargebiet eingebürgert. Das erste Auftauchen in Zentraleuropa wurde um 1870 beobachtet. Ist der Farn bei uns selten, so trifft man ihn etwa in Südfrankreich in Reisfeldern so häufig wie ein Unkraut an. Der Algenfarn ist eben sehr wärmebedürftig und findet in Deutschland kaum angemessene Lebensbedingungen. Wie *Salvinia* (s. u.), schwimmt auch der Algenfarn auf der Wasseroberfläche. Der Stengel ist stark verzweigt; an ihm sitzen zweizeilig angeordnet die kleinen Blättchen, die sich gegenseitig wie Dachziegel überdecken. Sie sind unbenetzbar. Aus der Sproßachse entspringen einzelne Wurzeln, die ins Wasser hineinhängen und ihm Nährsalze entnehmen. Trocknet das Gewässer aus, auf dem der Farn lebt, dann werden weitere Wurzeln ausgebildet, mit denen die Pflanze Nährstoffe und Wasser aus dem Boden aufnimmt. Algenfarn heißt diese interessante Pflanze übrigens, weil in schleimerfüllten Höhlungen im Innern der Blätter die Blaualge *Anabaena azollae* als Symbiont lebt.

## **Schwimmfarn** *Salvinia natans*

Von Westeuropa bis Japan verbreitet. In Deutschland hat dieser Farn nur wenige Fundorte, die zudem sehr zerstreut liegen. Lediglich im Oberrheingebiet ist er etwas häufiger. Der Schwimmfarn bevorzugt stehende oder langsam fließende Gewässer, die meist relativ kalkreich sind. Dieser Farn schwimmt ebenfalls frei auf der Wasseroberfläche. Sein Stengel kann bis 20 cm lang werden und sich auch verzweigen. An der Achse sitzen paarweise die kleinen, ovalen Schwimmblätter. Sie sind mit Haaren besetzt, die ober- und unterseits einen Luftmantel einschließen, der wiederum die Blätter unbenetzbar macht. Das Blatt hat zudem im Innern Luftkammern; es ist also vorzüglich für die schwimmende Lebensweise eingerichtet. An der Unterseite der Schwimmblätter hängt ein stark zerteiltes, büschelartiges, farbloses Wasserblatt herunter, das die Funktion der Wurzel übernimmt. An der Basis der Wasserblätter werden die Sporenbehälter ausgebildet. Der Schwimmfarn ist ebenfalls wärmeliebend und kann in unseren Breiten oft jahrelang ausbleiben.

## **Wasserfeder** *Hottonia palustris*

Vom gemäßigten Europa bis nach Westsibirien verbreitet. In Mitteleuropa kommt die Wasserfeder zerstreut in den seichten Uferzonen stehender Gewässer und in träge fließenden Gräben vor. Dabei bevorzugt sie dem Licht frei zugängliche Stellen. In den Gebirgen fehlt diese selten gewordene Wasserpflanze. Sie überdauert mit einem wurzelstockartig ausgebildeten Stengel, der in den blättertragenden Stengelteil übergeht. Dieser Abschnitt kann fast 1 m lang werden und trägt spiralig gestellt oder quirlig gehäuft die kammförmig zerteilten Blätter. Die Blütenstände erheben sich am Ende der Sprosse deutlich über die Wasseroberfläche. Die großen, weiß oder hellrosa gefärbten Blüten sind 5-zählig und erinnern an die Blüten von Primeln. Die Blütezeit der Wasserfeder liegt zwischen Mai und Juli. Nach der Befruchtung krümmen sich die Blütenstengel ins Wasser; die Reifung der vielsamigen Früchte vollzieht sich dann unter Wasser.

## **Wasserschlauch** *Utricularia*-Art

Die fleischfressende Gattung *Utricularia* ist in Mitteleuropa mit 6 Arten vertreten. Alle Arten kommen nur in stehenden Gewässern vor, in Gräben, Altwässern, besonders aber in moorig-sumpfigen Gewässern und aufgelassenen Torfstichen. Die Wasserschlaucharten sind allesamt submerse Wasserpflanzen, die teils im Wasser schwimmen, wie der Gemeine Wasserschlauch *(Utricularia vulgaris)* und der Übersehene Wasserschlauch *(Utricularia neglecta),* teils aber auch mit bleichen Erdsprossen im Schlamm verankert sind, wie der Kleine Wasserschlauch *(Utricularia minor)* und die übrigen 3 seltenen und nur zerstreut vorkommenden Arten. Alle haben fein zerteilte Blätter, an denen Fangblasen (Abb. unten rechts) sitzen, mit deren Hilfe die Pflanzen Kleintiere aus dem Wasser herausfangen. Und alle Arten haben auffällige gelbe Blüten (Abb. unten links), die in gestielten Trauben stehen. Die Blütezeit liegt zwischen Juni und September.
Die merkwürdigen Fangblasen dienen dazu, vor allem Kleinkrebse aus dem Wasser herauszufangen. Mit dieser zusätzlichen Nährstoffquelle können die Wasserschlauch-Arten besser in ihrem nährstoffarmen Lebensraum überdauern. Die Fangblasen arbeiten so, daß zunächst im Innern ein Unterdruck aufgebaut ist. Vorne ist die Blase durch eine Klappe verschlossen. In ihrer Nähe stehen einige Berührungsborsten. Gerät ein Wasserfloh an diese Borsten, springt die Klappe auf, und Wasser wird zusammen mit dem Beutetier passiv eingesogen. Danach schließt sich die Klappe wieder, und das gefangene Tier wird verdaut.

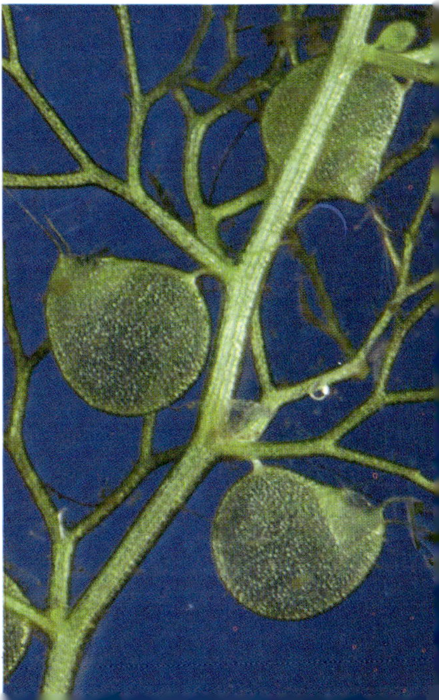

## **Quirlblättriges Tausendblatt** *Myriophyllum verticillatum*

Über die gemäßigte Zone der nördlichen Halbkugel verbreitet. In Mitteleuropa trifft man das Quirlblättrige Tausendblatt in stehenden oder langsam fließenden Gewässern an, besonders wenn diese nährstoffreich, aber relativ kalkarm sind. Dabei bevorzugt die Pflanze Standorte ebener Lagen. Ein regelrechter Wurzelstock fehlt dem Tausendblatt, der Stengel befestigt die Pflanze kriechend im schlammigen Untergrund. Er ist nur wenig verzweigt und trägt in Abständen von einigen Zentimetern 5- bis 6-zählige Blattquirle. Die Blätter sind – wie bei vielen submers lebenden Pflanzen – fiederspaltig zerschlitzt. Von Juni bis September erscheinen die aufrechten Blütenstände über dem Wasserspiegel. Die unscheinbaren Blüten sind auf Windbestäubung eingerichtet.

## **Meernixenkraut** *Najas marina*

Fast kosmopolitisch verbreitet. In Mitteleuropa kommt das Meernixenkraut in Seen und Altwässern vor, seltener auch in langsam fließenden Gewässern. Kalkhaltiges Wasser wird bevorzugt. Das Nixenkraut geht bis etwa 3 m Wassertiefe hinunter. In herdenartigen Beständen bildet es zusammen mit weiteren Formen die Unterwasserwiesen in unseren Seen, wenn es auch vielerorts selten geworden ist. Das Nixenkraut ist eine einjährige Pflanze. An dem dünnen, gabelig verzweigten und mehr oder weniger stacheligen Stengel sitzen Adventivwurzeln, die die Pflanze auf dem Seeboden verankern. Die linealischen Blätter sind an den Rändern ebenfalls stachelig gezähnt und stehen meist zu dritt in Quirlen angeordnet. Die unscheinbaren Blüten stehen in den Blattachseln. Das Nixenkraut hat sich so weitgehend an die submerse Lebensweise angepaßt, daß auch die Befruchtung unter Wasser erfolgt. Die Blütezeit liegt zwischen Juni und September.

## **Armleuchteralge** *Chara*-Art

Die Abteilung der Algen ist im Süßwasser mit einer Vielzahl von Arten vertreten, die die verschiedensten Standorte besiedeln. Die Armleuchteralgen stellen eine hochentwickelte Familie der Grünalgen dar, sind aber vielleicht auf den ersten Blick von der Gestalt her mit Blütenpflanzen zu verwechseln. Sie sind ästig verzweigt und meist auch recht ansehnlich, bis 20 cm lang. Und meist stehen sie zusammen mit Laichkraut-Arten und anderen Formen in großen Herden in den Unterwasserwiesen, wo sie aber meist in größere Tiefen vordringen als die begleitenden Pflanzenarten.

## **Blaualgen** *Cyanophyta*

Die Blaualgen besitzen – wie die Bakterien – keinen echten, d. h. von einer Membran umschlossenen Zellkern, wie er für alle anderen Pflanzen charakteristisch ist. In Blaualgenzellen kann man meist einen inneren, farblosen Teil, der die Erbsubstanz enthält, und einen äußeren, gefärbten Teil unterscheiden. In den äußeren Zellbereichen liegen vor allem die Assimilationsfarbstoffe, besonders Chlorophyll a. Bläuliche Zusatzfarbstoffe bringen die typische Blaugrün-Färbung hervor. Chlorophyll a fehlt den photosynthetisch aktiven Bakterien, die mit Hilfe anderer Farbstoffe assimilieren. Die Blaualgen haben weiter noch keine Farbkörper – Chloroplasten –, die erst in den Zellen höherer Pflanzen auftreten. Insgesamt steht diese Gruppe also zwischen den Bakterien und den Algen.

Blaualgen können einzellig oder fädig auftreten. Das obere Bild zeigt eine Wasserblüte (s. Seite 12), verursacht durch eine Massenentwicklung von *Microcystis aeruginosa.* Diese Blaualge tritt in kugeligen, kleinen Zellen auf, die aber oft zu Tausenden in undeutlich begrenzten Gallerthüllen liegen. Diese Gallerthülle setzt das spezifische Gewicht der in ihr vereinigten Zellen insgesamt herab, ein Mechanismus, um sich gegen das Absinken im Wasser zu schützen. Daneben haben die Zellen noch Gasvakuolen, so daß die gallertigen Gebilde an die Oberfläche steigen und dort aufrahmen. Kommen günstige Umweltbedingungen hinzu, kann sich *Microcystis* massenhaft vermehren, und jeder Milliliter Wasser erscheint deutlich blaugrün gefärbt. Die ganze Oberfläche eines Sees kann dann wie eine dicke, grüne Suppe erscheinen. Trotzdem bedeutet eine Wasserblüte nicht unbedingt, daß im Haushalt eines Sees etwas in Unordnung geraten ist. *Microcystis* kommt nämlich in gering verschmutzten Weihern und Seen vor.

Eine fädige Blaualge – *Oscillatoria limosa* – zeigt die untere Abbildung. Solche Formen – auch aus den Gattungen *Nostoc, Anabaena, Spirulina* – können einmal auf Grund ihrer Gasvakuolen ebenfalls planktisch leben, zum anderen dichte Überzüge auf Steinen und ähnlichem Substrat bilden.

Blaualgen sind überaus weit verbreitet und kommen auch auf extremen Standorten vor, etwa in heißen Thermalquellen oder auf Gletschereis. Bei der Neubesiedlung von Lebensräumen spielen sie die Rolle von Pionieren.

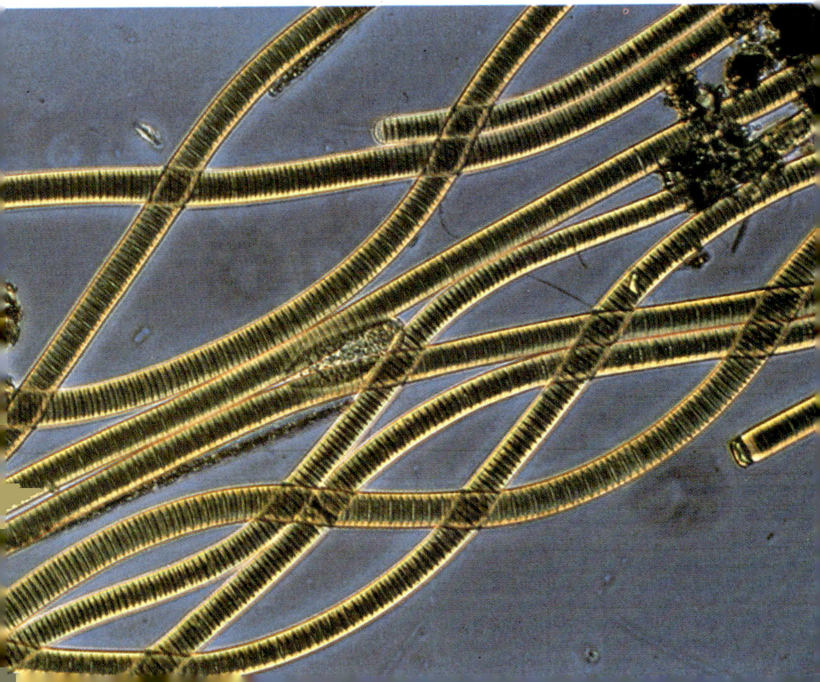

## **Astalge** *Cladophora*-Art

In Fließgewässern findet man auf Steinen häufig wattige, grüne Überzüge aus fädigen Algen. Einmal können es Blaualgen (Seite 40) sein, meistens aber handelt es sich um Büschel fädig wachsender Grünalgen. Verschiedene Formen können hier beteiligt sein. In sauerstoffreichen, kühlen Bächen findet man häufig Arten aus der Gattung *Ulothrix*, die man unter dem Mikroskop leicht an ihren ringförmigen Chloroplasten erkennen kann. Eine andere häufige Gattung ist *Cladophora* (Abb. unten links), deren verzweigte Fäden oft dichte Büschel in Flüssen und Seen bilden. Die Chloroplasten liegen als wandständiger Belag dicht unter der Zelloberfläche. Die Fäden sind mit einem Rhizoid am Grund festgehaftet. Andere *Cladophora*-Arten sind in manchen Seen und Weihern so außerordentlich wüchsig, daß man in den durchlichteten Uferzonen oft regelrechte Türme dieser Fadenbüschel im Wasser sehen kann. Durch Wind und Wellenschlag können Büschel abgerissen und in bestimmten Uferbereichen eines Gewässers zusammengetrieben werden. Eine solche Situation zeigt das obere Bild.
Da das Algenwachstum – wie das aller submersen Pflanzen – auch vom Nährstoffreichtum des Gewässers abhängt, haben sich in vielen Gewässern die Fadenalgen stark ausgebreitet, nachdem diese zunehmend durch Abwässer belastet worden sind, ihr Charakter also von einem nährstoffarmen (oligotrophen) zu einem nährstoffreichen (eutrophen) hin verschoben worden ist. In diesem Falle sind also Massenauftreten einer Alge eher ein Zeichen für eine Gewässersituation, die zwar natürlich sein kann, aber heute meist vom Menschen verursacht ist.

## **Schraubenalge** *Spirogyra*-Art

Diese Alge gehört – wie die auf Seite 45 abgebildete *Micrasterias* – zu den Zieralgen. Allerdings ist die Schraubenalge eine fädige Form. Sie bildet ähnliche Watten wie die oben beschriebene *Cladophora*. Die Fäden von *Spirogyra* sind unverzweigt und leicht an den schraubenförmig angeordneten Chloroplasten zu erkennen. Eine Besonderheit bei dieser Schraubenalge liegt in der komplizierten geschlechtlichen Fortpflanzung, bei der sich zwei Fäden aneinanderlegen und benachbarte Zellen in Verbindung treten. Die Gattung *Spirogyra* kommt in mehr als 100 Arten in Mitteleuropa vor und besiedelt zumeist stehende Gewässer. Einige Arten sind aber auch in Bächen und Flüssen zu finden.

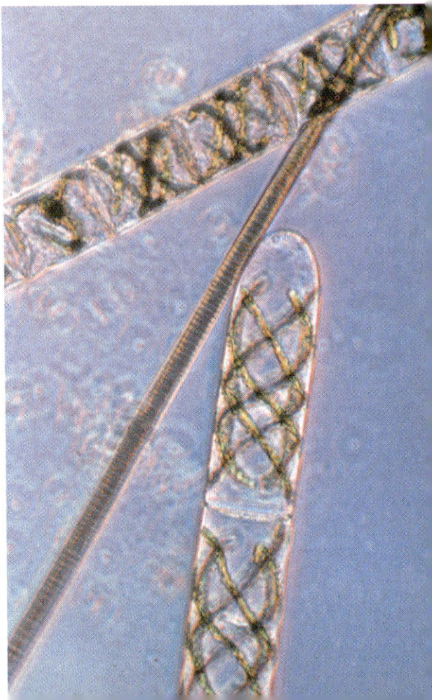

## **Gürtelalge** *Scenedesmus*-Art

Die Gattung *Scenedesmus* ist mit vielen Arten im Süßwasser vertreten, und in wohl jeder Phytoplankton-Probe aus einem Weiher oder See wird man auf diese Grünalge stoßen. Allen Arten ist gemeinsam, daß sie eine kräftige Zellmembran haben, die für die ganze Algengruppe bezeichnend ist. Meist liegen mehrere Einzelzellen in 2- bis 8-zelligen Verbänden zusammen.

## **Große Wimperkugel** *Volvox globator*

Die Gattung *Volvox* ist in mitteleuropäischen Gewässern mit mehreren Arten vertreten. Eine häufige Form in nährstoffreichen Weihern und Seen ist die Große Wimperkugel, eine Kolonie aus rund 10000 Einzelzellen. Die einzelnen Zellen stehen über Plasmabrücken in Verbindung. Sie tragen je 2 Geißeln, mit denen sich die Kugel bewegen kann. Ein geringer Teil der Zellen dienen der Fortpflanzung. Aus ihnen gehen bei der ungeschlechtlichen Vermehrung die Tochterkugeln hervor, die im Innern der Mutterkugel heranwachsen. Mit dem Absterben der Mutterkugel werden die Tochterkugeln frei. Auch geschlechtliche Fortpflanzung kommt bei *Volvox* vor. Die Mutterkugeln haben einen Durchmesser von bis zu 2 mm.

## **Kieselalgen** *Diatomeae*

Kieselalgen kommen in einer Vielzahl von Arten in unseren Gewässern vor. Es gibt sessile Formen, die auf Steinen oder Wasserpflanzen festgeheftet sind. Es gibt aber auch eine Vielzahl planktischer Formen. Man kann auf Grund der äußeren Form die zentrischen Zelltypen und die langgestreckten Zelltypen unterscheiden. Allen Kieselalgen ist gemeinsam, daß ihre Zellen in einer Schale aus Kieselsäure sitzen. Häufige Formen im Phytoplankton unserer Seen entstammen den Gattungen *Fragillaria, Asterionella* oder *Diatoma.*

## **Zieralgen** *Desmidiaceae*

Diese Gruppe der Grünalgen ist sicherlich die schönste aller Algen. Besonders in nährstoffarmen, moorigen Gewässern lohnt es sich, nach diesen Algen zu suchen, deren Schönheit sich allerdings nur unter dem Mikroskop erschließt. Häufige Formen gehören den Gattungen *Micrasterias* (Foto), *Closterium, Staurastrum* oder *Cosmarium* an.

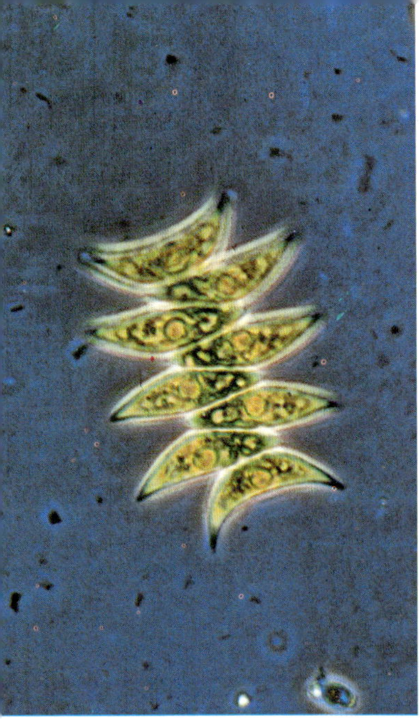
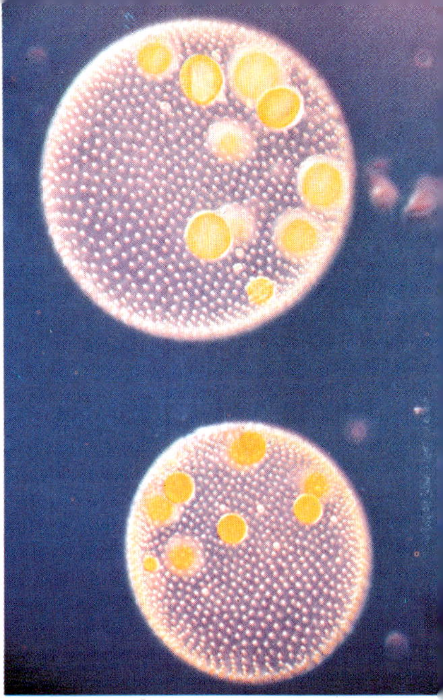
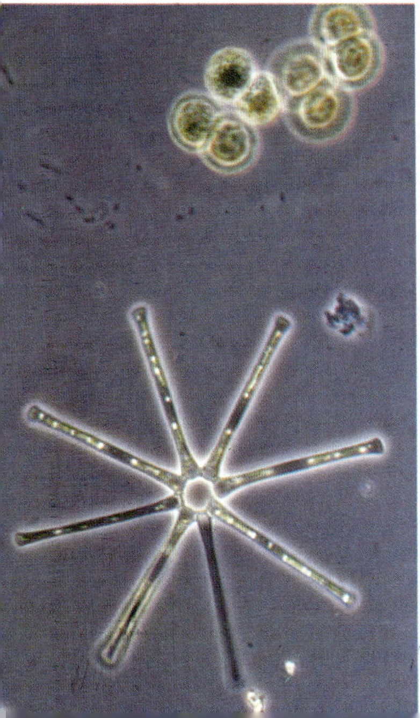
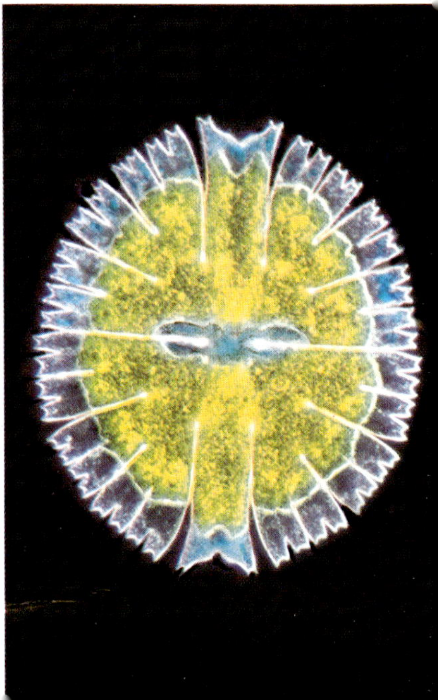

## **Brauner Süßwasserpolyp** *Hydra oligactis*

Wie die Schwämme, gehen auch die im Süßwasser vorkommenden Nesseltiere *(Hydrozoa)* stammesgeschichtlich auf marine Formen zurück. In Binnengewässern leben nur 5 Gattungen mit etwa einem Dutzend Arten. Süßwasserpolypen bevorzugen pflanzenreiche Gewässer und kommen sowohl in stehendem wie in fließendem Wasser vor. Mit ihrer Fußscheibe heften sie sich an der Vegetation fest und fangen mit ihren langen Tentakeln, die mit Nesselkapseln besetzt sind, ihre Beute – Kleinkrebse, Wassermilben, manchmal auch Fischlarven – ein. *Hydra oligactis* wird bis zu 3 cm lang und ist in Seen und Weihern häufig.

## **Süßwasserschwamm** *Spongilla lacustris*

Nur 6 Arten von Schwämmen kommen in unseren Binnengewässern vor, eine verschwindend geringe Zahl, denkt man an die Fülle von Arten, die im Meer leben. In stehenden und langsam fließenden Gewässern findet man die gelblichweiß oder bräunlich gefärbten krustig-ästigen Überzüge auf Steinen, Wasserpflanzen, ins Wasser ragenden Baumwurzeln oder Muschelschalen. Eine genaue Bestimmung der Süßwasserschwämme ist nur unter dem Mikroskop möglich. Den Winter überdauern die Schwämme als kugelige Dauerkeime (Gemmulae), aus denen im Frühjahr ein neuer Schwammkörper aufgebaut wird.

## **Rädertiere** *Rotatoria*

Die Rädertiere sind eine eigenständige Gruppe der Schlauchwürmer. Es lassen sich 3 große Gruppen unterscheiden, von denen eine auf den marinen Bereich beschränkt ist, die andere im Süßwasser auf festem Substrat lebt und die dritte im Plankton des Süßwassers zu finden ist. Mit einem feinmaschigen Netz – Rädertiere haben eine Größe zwischen 0,1 und 2,5 mm – kann man die planktischen Formen in praktisch allen Gewässertypen fangen. Eine häufig zu findende Gattung ist *Brachionus* (Abb. unten links). Beobachtet man das Tier unter dem Mikroskop, so fallen die Bewegungen des Räderorgans am Kopf auf. Dieses Organ dient einerseits der Fortbewegung des Tieres, andererseits erzeugt es einen Wasserstrom, der die Nahrung – vor allem Planktonalgen – herbeistrudelt. *Brachionus* hat einen festen Panzer. Ganz anders die räuberisch lebende *Asplanchna* (Abb. unten rechts), deren Sackform sich bei jeder Bewegung verändert. Dieses interessante Rädertier ist außerdem vollkommen durchsichtig. Seine Beute besteht im wesentlichen aus kleineren Rädertieren.

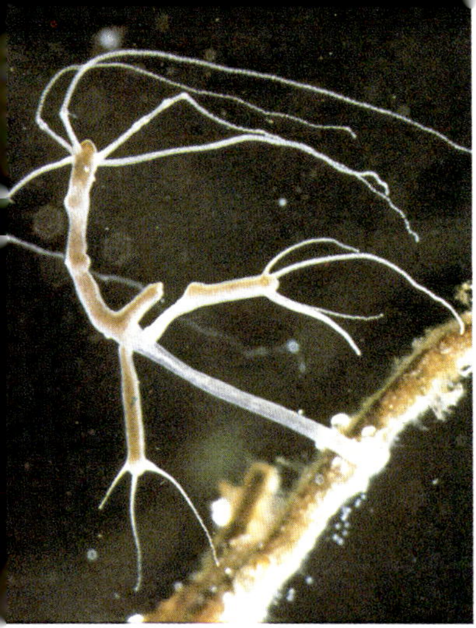

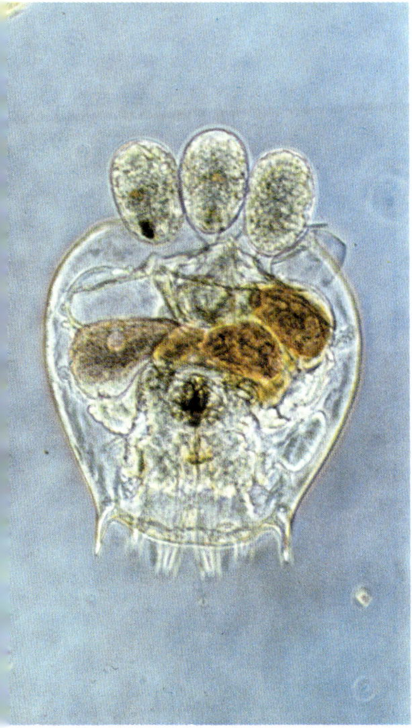
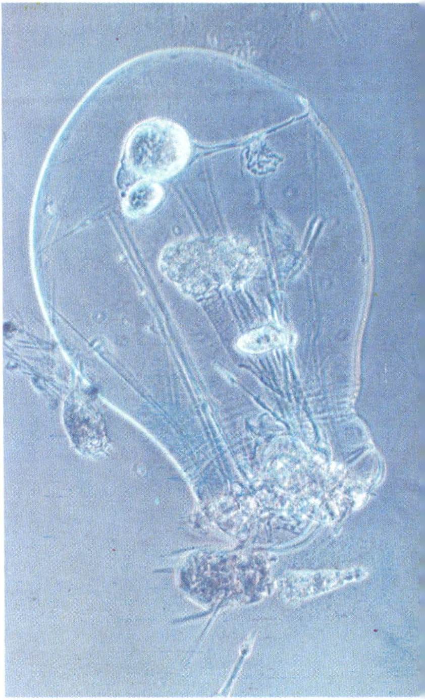

## **Flußperlmuschel** *Margaritifera margaritifera*

Holarktisch verbreitet, in Europa in Skandinavien, Rußland, Teilen Deutschlands, in Großbritannien, Frankreich und Nordspanien. Durch die zunehmende Verschmutzung der Gewässer ist die Flußperlmuschel in Deutschland an den Rand des Aussterbens gebracht worden. Sie ist streng an klare, kalkarme Bäche auf Urgestein oder Sandstein gebunden. Ob die beschriebenen Vorkommen im Rheinischen Schiefergebirge, im Odenwald, im Fichtelgebirge, im Böhmerwald und in der Lüneburger Heide noch bestehen, muß wohl bezweifelt werden. Jedenfalls versucht man heute seitens des Naturschutzes, die Flußperlmuschel in geeignete unverschmutzte Bäche zu verpflanzen, wo sie früher nicht vorkam, um sie vor dem Aussterben zu retten. Man kann die Muschel leicht an dem länglichen, nierenförmigen Schalenumriß erkennen, der meist noch eine leichte Einbuchtung des unteren Randes aufweist, während der obere Rand leicht gebogen ist. Der Wirbel tritt kaum hervor und ist meist stark zerfressen – das beste Erkennungsmerkmal der Flußperlmuschel. Die Schale wird bis zu 12 cm lang und ist je nach Alter der Tiere dunkelbraun bis schwarz gefärbt. Innen ist die Schale mit einer irisierenden Perlmutterschicht ausgekleidet. Tatsächlich bilden diese Muscheln Perlen, die früher gewerbsmäßig gewonnen wurden, aber diese Zeiten gehören wohl der Vergangenheit an.

## **Teichmuschel** *Anodonta cygnea*

In Deutschland in stehenden und langsam fließenden Gewässern weit verbreitet. Die Teichmuschel ist die häufigste der heimischen Süßwassermuscheln, und sie bildet zahlreiche Lokalformen aus. Dennoch kann man sie leicht erkennen, auch wenn ihre äußere Form der Flußperlmuschel ähnlich erscheinen mag. Ihr Schalenumriß ist länglich-eiförmig. Die Teichmuschel kann sehr groß werden. Man hat Schalen bis zu 20 cm Länge gefunden. Wichtigstes Bestimmungsmerkmal ist aber das Fehlen von Schloßzähnen, wie sie für die Flußperlmuschel und vor allem für die ähnlichen Flußmuschelarten der Gattung *Unio* typisch sind. 3 Arten dieser Gattung kommen in den einheimischen Gewässern vor.

## **Wandermuschel** *Dreissena polymorpha*

Die Wander- oder Dreikantmuschel stammt ursprünglich aus dem pontisch-kaspischen Raum und hat sich von dort aus über die europäischen Binnengewässer ausgebreitet. Heute ist sie in vielen unserer Flüsse, Altwässer und Seen heimisch geworden. So wurde der Bodensee von 1966 an besiedelt. Was hier folgte, ist eine für solche ökologischen Situationen charakteristische Entwicklung: Die Wandermuscheln vermehrten sich zunächst explosionsartig und überall traf man die Tiere an. Im Verlauf der folgenden Jahre pendelte sich die Populationsgröße nach und nach auf ein bestimmtes Niveau ein, und heute ist die Wandermuschel fester Bestandteil der Molluskenfauna des Bodensees geworden.

Die äußere Form der Wandermuschel erinnert an die der marinen Miesmuschel *(Mytilus edulis).* Ihre glänzende Schale ist auf gelbbraunem Grund dunkelbraun gestreift. Meist wird sie 2,5 bis 4 cm lang. Die Muschel heftet sich mit einem Büschel hornartig erstarrender Fäden, die von der sogenannten Byssusdrüse erzeugt werden, an Steinen, Pfählen, auf den Schalen anderer Muscheln und ähnlichen Substraten fest. Wandermuscheln entleeren ihre Eier und Samen ins Wasser, wo die Befruchtung stattfindet. Aus den befruchteten Eiern entwickeln sich planktisch lebende Larven, die sich wiederum in einigen Wochen zu Jungmuscheln entwickeln, die bereits eine zweiklappige Schale haben. In diesem Stadium heften sich die jungen Muscheln irgendwo fest und wachsen dann im Laufe von 1 bis 3 Jahren zur Adultgröße heran.

## **Große Kugelmuschel** *Sphaerium rivicola*

Wenn auch die Teichmuschel, die Flußperlmuschel, die verschiedenen Arten von Flußmuscheln und die Wandermuschel wegen ihrer Größe recht auffällige Tiere sind, so ist damit die Muschelfauna der Binnengewässer noch nicht erschöpft. Zu erwähnen ist nämlich noch die Familie der Kugelmuscheln *(Sphaeriidae)* mit ihren drei Gattungen *Musculium, Pisidium* und *Sphaerium.* Die Häubchenmuschel (*Musculium lacustre*) wird ganze 8 mm groß und kommt bei uns in sumpfigen Gräben, Teichen, Tümpeln und Altwässern vor. Die verschiedenen Erbsenmuschel-(*Pisidium*-)Arten sind meist nur linsengroß und fallen deshalb kaum auf, sind aber ebenfalls in Mitteleuropa in allen Gewässern zu finden. Die 3 Arten der Gattung *Sphaerium* werden schon etwas größer; *Sphaerium rivicola* immerhin bis zu 2,5 cm. Alle diese Muscheln haben mehr oder weniger runde Schalen. Die verschiedenen Arten zu bestimmen, ist jedoch nur den Spezialisten möglich.

## **Spitzschlammschnecke** *Lymnaea stagnalis*

Die Familie der Schlammschnecken *(Lymnaeidae)* ist in mehreren Gattungen und Arten in den verschiedensten Typen von Gewässern anzutreffen. Sie fehlen aber – wie übrigens die meisten Süßwasserschnecken – in kalkarmen, stark huminsäurehaltigen Gewässern, etwa in Moortümpeln und Torfstichen. Die Form ihrer Schale wird sehr stark von Umwelteinflüssen wie Wassertemperatur, Wasserbewegung und Ernährungsverhältnissen beeinflußt. Das hat dazu geführt, daß man viele Standortformen als eigene Arten beschrieben hat. Schlammschnecken gleiten auf einem Schleimband auf dem Boden dahin. Öfter sieht man vor allem die Spitzschlammschnecke auch unter der Wasseroberfläche entlangkriechen. Die Schlammschnecken gehören zu den Wasserlungenschnecken und müssen immer wieder an die Oberfläche steigen, um Sauerstoff aus der Luft zu beziehen. Werden sie dabei gestört, pressen sie die aufgenommene Luft blitzartig aus der Atemhöhle heraus und fallen wie ein Stein zu Boden. Schlammschnecken sind von ihrer Ernährungsweise her als »Weidegänger« zu bezeichnen. Sie schaben mit Hilfe ihrer Radula, einem mit Tausenden von Zähnen besetztem Zungenapparat, der wie ein Reibeisen hin- und herfährt, den Algenbewuchs von Steinen und Wasserpflanzen ab. Manchmal beißen sie auch Stücke von Wasserpflanzen ab. Die Spitzschlammschnecke ist in ihrer Familie die größte Art. Ihr hornfarbenes Gehäuse kann immerhin 6 cm lang werden. Sie gehört damit sogar zu den größten einheimischen Schnecken überhaupt. Das Gehäuse läuft – wie der Name der Schnecke sagt – spitz zu. Das Gewinde ist fast so lang wie die Mündung; der letzte Umgang des Gewindes ist bauchig aufgetrieben. In stehenden und fließenden Gewässern ist sie in Mitteleuropa allgemein verbreitet.

## **Eiförmige Schlammschnecke** *Radix ovata*

Die Gattung *Radix* ist durch die Beschreibung vieler Lokalformen als eigene Arten – wie auch oben erwähnt – sehr unübersichtlich, und über manches systematische Detail streiten sich die Spezialisten. Bleiben wir bei dem wissenschaftlichen Namen *Radix ovata* für die abgebildete Schnecke, die aber eben eine äußerst veränderliche Gehäuseform hat. Sie ist nämlich ein sehr anpassungsfähiges Tier und kommt bei uns überall in stehenden und fließenden Gewässern häufig vor. Die verschiedenen Umweltbedingungen führen dann zu den vielen möglichen Gehäuseformen. Normal ist eine eiförmige Form, das Gehäuse ist dünnwandig. Das Gewinde ist nur kurz, die Mündung stark erweitert. Die Schnecke kann bis 25 mm lang und 15 mm breit werden.

## **Sumpfdeckelschnecke** *Viviparus viviparus*

Während die beiden auf Seite 52 vorgestellten und die anderen auf dieser Seite abgebildeten Schnecken zu den Wasserlungenschnecken zu rechnen sind, ist die Sumpfdeckelschnecke eine Kiemenschnecke. Sie atmet also mit Hilfe einer kammförmigen Kieme. Ein weiteres wichtiges Kennzeichen ist der Deckel, den sie auf dem Fuß trägt und der das Gehäuse verschließt, wenn sich die Schnecke darin zurückzieht. Die Sumpfdeckelschnecke ist ähnlich groß wie die Spitzschlammschnecke, ihr Gehäuse kann 5 cm lang werden. Es ist grünbraun gefärbt und zeigt 3 dunkle Bänder entlang der Windungen. Der letzte Umgang ist mäßig erweitert, alle Umgänge sind stufig gegeneinander abgesetzt. In Mitteleuropa ist die Sumpfdeckelschnecke weit verbreitet, besonders in der Ebene, wobei sie Gewässer mit reichem Pflanzenwuchs bevorzugt. Die Gattung *Viviparus* – bei uns kommt noch die ähnliche *Viviparus contectus* vor – stellt übrigens die einzigen lebendgebärenden Schnecken unserer Tierwelt. Die befruchteten Eier entwickeln sich im erweiterten Endteil des Geschlechtstraktes, und die Jungen werden erst in völlig fertigem Zustand vom Muttertier entlassen. Sie sind dann etwa 1 cm groß.

## **Flache Tellerschnecke** *Planorbis planorbis*
## **Posthornschnecke** *Planorbarius corneus* (Abb. unten)

Diese beiden Wasserlungenschnecken gehören in die Familie der Tellerschnecken *(Planorbidae)*. Dabei ist das Posthorn die auffälligste Art. Sie besitzt ein derbes, dickwandiges Gehäuse, das bis 3 cm im Durchmesser groß wird. Die Umgänge sind drehrund und nehmen rasch zu. Die Gehäuse sind rotbraun gefärbt. Die Posthornschnecke ist weit verbreitet und häufig in stehenden und langsam fließenden Gewässern. Allerdings ist sie im südlichen Deutschland eher zerstreut anzutreffen, während sie in Norddeutschland durchgehend verbreitet ist.
Die Flache Tellerschnecke hat ebenfalls ein derbschaliges Gehäuse, das 17 mm Durchmesser erreichen kann. Die Umgänge sind oben stärker gewölbt als unten und an der Unterseite scharf gekielt. Bei der nahe verwandten *Planorbis carinatus* sind die Umgänge in der Mitte gekielt, so daß man die beiden Arten gut voneinander unterscheiden kann. Die Flache Tellerschnecke kommt in stehenden, schlammigen Gewässern überall sehr häufig vor, sowohl in ebenen als auch in Hügellagen. *Planorbis carinatus* geht auch in langsam fließende Gewässer, und man trifft sie auch in klaren Gewässern an.

## **Blutegel** *Hirudo medicinalis*

Egel *(Hirudinea)* kommen in rund 20 Arten im Süßwasser vor. Sie leben in Gräben und Bächen, Weihern und Seen. Bevorzugt werden pflanzenreiche, seichte Gewässer. Der Blutegel ist der auffälligste und bekannteste unter ihnen. Er wird 10 bis 15 cm lang. Die Jungtiere ernähren sich von wirbellosen Tieren, später von Lurchen und Fischen. Die erwachsenen Egel saugen das Blut von Säugetieren, und auch der Mensch kommt manchmal in Kontakt mit diesem selten gewordenen Wasserorganismus.

## **Wassermilben** *Hydracarina*

Wassermilben kommen zum überwiegenden Teil im Süßwasser vor und besiedeln hier in rund 30 Familien mit zahlreichen Arten die verschiedensten Typen stehender und fließender Gewässer. Die ausgewachsenen Tiere kann man leicht an dem ungegliederten Leib und den 4 Beinpaaren erkennen. Entsprechend ihrer Lebensweise haben die Beine bei Fließwasser-Formen Haken zum Festhalten, bei Stillwasser-Formen Schwimmhaare. Bodenlebende Arten haben Kriechbeine. Alle Wassermilben sind Räuber, deren Beute meist aus Kleinkrebsen oder weichhäutigen Insektenlarven besteht.

## **Wasserspinne** *Argyroneta aquatica*

Unter allen Spinnenarten nimmt die Wasserspinne eine Sonderstellung ein. Sie ist die einzige, die ihr Leben unter Wasser verbringt. Trotzdem ist sie natürlich auf die Versorgung mit Luftsauerstoff angewiesen. Wenn sie an der Oberfläche ist, streckt sie ihren Hinterleib aus dem Wasser, um Luft in das Tracheensystem aufzunehmen. Taucht sie ab, nimmt sie Luft mit hinunter, die den Hinterleib mit einer silbrigen Hülle umgibt. Damit das Tier längere Zeit unter Wasser leben kann, baut es verschiedene Arten von Glocken. Sie bestehen aus entsprechend geformten Netzen, die an Wasserpflanzen aufgehängt sind und unter denen Luftblasen einen gasgefüllten Raum bilden. Normalerweise werden Wohnglocken benutzt, von denen aus das Tier auf Jagd geht. Die Beute der Wasserspinne besteht aus Kleinkrebsen, Wasserasseln und Larven von Wasserinsekten. Zur Häutung baut sich die Spinne besondere Häutungsglocken. Während der Paarung baut das Männchen eine Spermaglocke, das Weibchen eine Eiglocke, in der die Eier abgelegt und die Jungen großgezogen werden. Wasserspinnen kommen in stehenden Gewässern vor und bevorzugen dabei Moorweiher und Torfstiche.

## **Flußkrebs** *Astacus*-Art

Die große Mehrzahl der zehnfüßigen Krebse *(Decapoda)* lebt im Meer. Im Süßwasser sind nur einige wenige Formen vertreten, von denen die Gattung *Astacus* mit 4 Arten vorkommt. *Astacus leptodactylus* bevorzugt als Lebensraum stehende Gewässer, die anderen 3 Arten ziehen Fließgewässer vor. Allerdings brauchen sie geeignete Schlupfwinkel, wie überhängende Uferböschungen, Hohlräume zwischen Wurzelwerk oder Steinen. Die großen Krebse halten sich nämlich tagsüber versteckt und gehen erst in der Dämmerung und in der Nacht auf Nahrungssuche. Dabei schreiten sie mit den Brustbeinpaaren langsam über den Gewässergrund dahin. Ihre Nahrung besteht aus Wasserinsekten, Würmern, Muscheln, Schnecken, manchmal Fischen und Amphibien. Flußkrebse verschmähen aber auch tote Tiere nicht. Die großen Scheren des 1. Brustbeinpaares ergreifen die Beute, die folgenden Beine zerkleinern die Beute und führen sie den Mundwerkzeugen zu.
Flußkrebse paaren sich im Spätherbst, meist im November. Die auf recht umständliche Weise befruchteten Eier trägt das Weibchen ein halbes Jahr am Hinterleib mit sich herum. Im Mai oder Juni schlüpfen die Jungen. Bis zur ersten Häutung bleiben sie an die Mutter geklammert, danach erst beginnen sie ihr selbständiges Leben. Die Eizahl kann zwischen 10 und mehreren Hundert schwanken, je nach Art und Alter der Tiere. Flußkrebse müssen sich mehrmals in ihrem Leben häuten. Während der Wachstumsphase geschieht dies einige Male im Jahr, nach der Geschlechtsreife im vierten Lebensjahr nur noch einmal jährlich. Der neu ausgebildete Panzer erhärtet in etwa 1 Woche. In dieser Woche ist der sogenannte »Butterkrebs« weichhäutig und damit besonders gefährdet. In dieser Zeit kann er auch nicht fressen und verläßt seinen Unterschlupf nach Möglichkeit nicht.
Flußkrebse wurden um die Jahrhundertwende in Deutschland fast ausgerottet, als sich in den Beständen die Krebspest ausbreitete. Diese Krankheit wird von dem zu den Algenpilzen gehörenden *Aphanomyces astaci* verursacht. Nach der verheerenden Seuche hat man in Deutschland nordamerikanische Flußkrebse eingebürgert, die dagegen immun sind. So finden wir in den heimischen Fließgewässern heute verschiedene Flußkrebsarten vor, deren genaue Diagnose man nur mit einem entsprechenden Bestimmungsschlüssel vornehmen kann.

## **Gemeiner Wasserfloh** *Daphnia pulex* (Abb. oben links)
## **Rüsselkrebs** *Bosmina*-Art (Abb. oben rechts)

Die Wasserflöhe *(Cladocera)* gehören zur Klasse der Krebse und sind fast ausschließlich auf das Süßwasser beschränkt, lediglich die beiden Gattungen *Podon* und *Evadne* kommen im marinen Litoralbereich vor. Von den 60 bis 80 mitteleuropäischen Arten sind die meisten sehr weit verbreitet und besiedeln fast alle Typen stehender Gewässer. Manche Arten, wie der Gemeine Wasserfloh, sind zudem Kosmopoliten. Eine große Artenfülle weisen die pflanzenreichen Uferzonen von Weihern und Seen auf. Die hüpfenden Bewegungen kommen durch ruckartige Schläge der beiden großen, zweiästigen Antennen zustande. Unter dem Mikroskop kann man auch die Schläge der Beinpaare, die in der zweiklappigen Schale verborgen sind, erkennen. Sie dienen in erster Linie dazu, die Nahrung – Planktonalgen vor allem – heranzustrudeln und mit komplizierten Apparaten zu filtrieren, um sie dann dem Darm zuzuführen, der als meist grünlich gefärbter Schlauch gut zu sehen ist. Wasserflöhe vermehren sich in der Regel, indem Eier in den Brutraum im Rükken abgegeben werden, aus denen Embryonen heranwachsen. Bei einer Häutung des Muttertieres werden die Jungen freigelassen. Auf diesem Wege werden ungeschlechtlich immer nur Weibchen erzeugt. Bei ungünstigen Umweltbedingungen – niedrige Temperatur, wenig Nahrung – legen die Weibchen Eier, aus denen einerseits Männchen schlüpfen, andererseits Dauereier werden, die aber vorher von den Männchen befruchtet werden müssen. Diese Eier werden mit harten Schalenteilen umgeben, dem sogenannten Ephippium. Unter günstigeren Bedingungen schlüpfen aus diesen Dauereiern wieder parthenogenetische Weibchen, die sehr schnell eine neue Daphnienpopulation aufbauen können. Neben der Gattung *Daphnia,* die in vielen verschiedenen Arten bei uns vorkommt, ist auch die Gattung *Bosmina* häufig. Andere Arten kommen aus den Gattungen *Moina, Ceriodaphnia* oder *Chydorus.* Räuberisch leben *Polyphemus, Leptodora* und *Bythotrephes.*

## **Hüpferling** *Cyclops*-Art

Die Ruderfußkrebse oder Hüpferlinge *(Copepoda)* haben ihre Hauptverbreitung im Meer, kommen aber auch in fast jeder Zooplankton-Probe aus Süßwasser-Biotopen vor. Ihre Entwicklung ist sehr viel komplizierter und vor allem langwieriger als die der Wasserflöhe. Es gibt sowohl Formen, die sich von Planktonalgen ernähren, also Filtrierer sind, als auch Formen, die räuberisch leben.

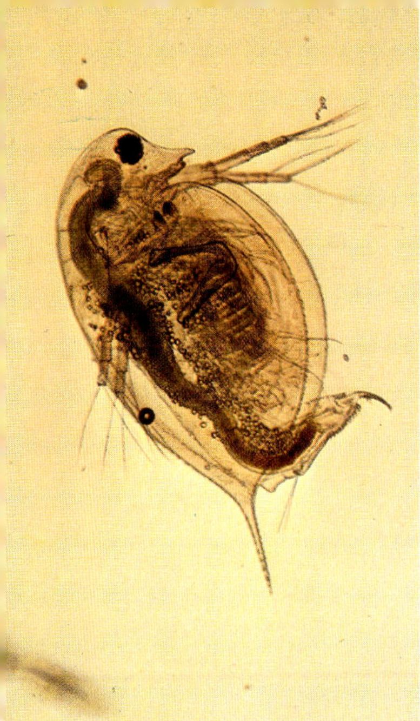
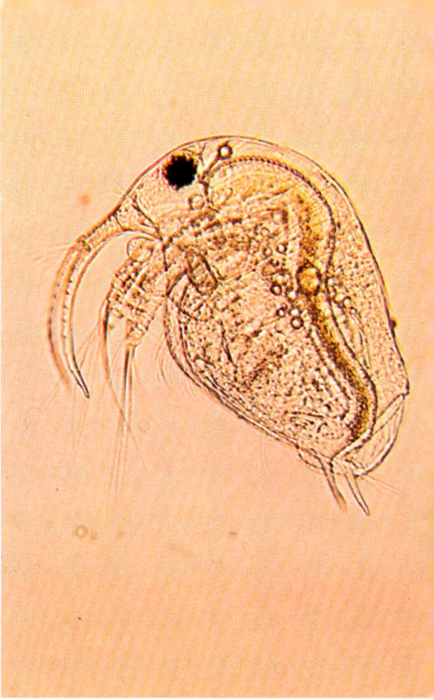
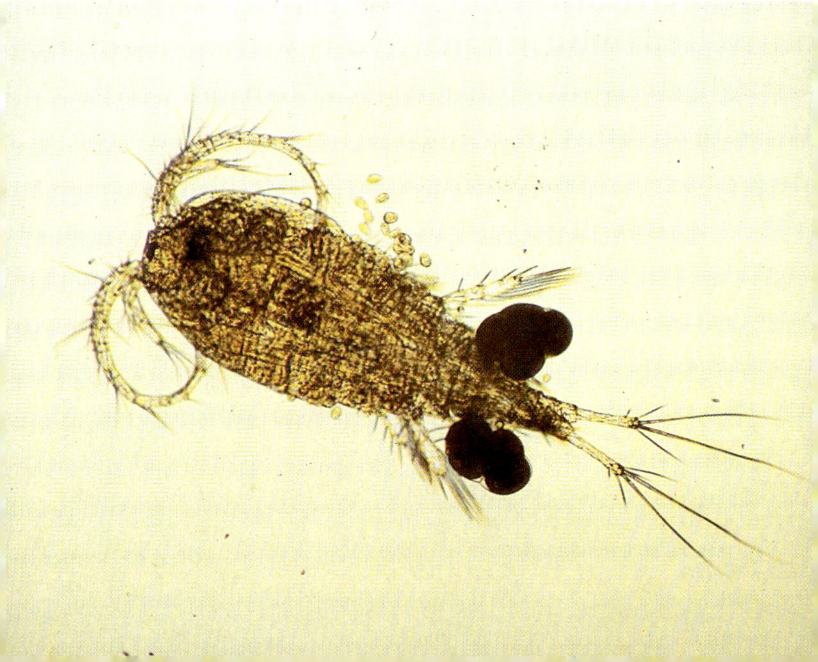

## **Eintagsfliegen** *Ephemeroptera*

Die Eintagsfliegen bilden eine eigene Ordnung innerhalb der Klasse der Insekten. Rund 60 Arten sind in Europa verbreitet. Die Tiere kann man gut daran erkennen, daß sie ihre Flügel in Ruhe senkrecht über dem Hinterleib aufstellen. Die Vorderflügel haben eine dreieckige Form und sind relativ groß, die Hinterflügel fehlen meist oder sind nur klein. Die Fühler sind sehr kurz, dafür fallen die 2 oder 3 langen Schwanzanhänge sofort auf.

Eintagsfliegen tragen ihren Namen tatsächlich zu Recht: die geschlechtsreifen Tiere leben je nach Art nur wenige Stunden, meist 2 bis 3 Tage, manche Arten auch bis zu 3 Wochen. Tagsüber sitzen sie in der Ufervegetation versteckt. Erst in der Abenddämmerung beginnen sie ihre Paarungsspiele. Schwärme von Männchen tanzen in Wolken auf und nieder. Taucht ein Weibchen in eine Wolke ein, stürzen sich mehrere Männchen darauf. Das schnellste hängt sich unter das Weibchen, die Begattung wird im Absinken vollzogen, und noch bevor das Paar den Boden erreicht, lassen die Partner wieder voneinander ab. Die Männchen sterben kurze Zeit später, die Weibchen nach der Eiablage. Je nach Lebensraum werden die Eier unterschiedlich abgelegt: entweder fliegen die Weibchen dicht über die Wasseroberfläche hin und tauchen in Abständen ihren Hinterleib ins Wasser, um einige Eier zu entlassen, oder sie kriechen an Wasserpflanzen oder Steinen unter die Wasseroberfläche, um ihre Eier irgendwo anzuheften. Die Eizahl pro Weibchen kann zwischen 100 und einigen Tausend schwanken.

Die Larvenzeit dauert bei den meisten Arten rund 1 Jahr. Die Larven der Eintagsfliegen (Abb. unten) kann man gut daran erkennen, daß sie am Hinterleib mehr oder weniger deutlich ausgebildete Tracheenkiemen, mit denen die Tiere atmen, und 3 lange Schwanzanhänge tragen. Nur die Larven aus der Gattung *Epeorus* tragen 2 Schwanzanhänge. Die Larven können sehr unterschiedliche Lebensweisen haben: Es gibt grabende Formen wie *Ephemera,* die im weichen Schlamm langsam fließender Bäche lebt. Es gibt strömungsliebende Formen, die meist stark abgeplattet sind und manchmal auch Haftorgane ausbilden. Es gibt in stehenden Gewässern schwimmende Formen und schließlich die große Masse der kriechenden Eintagsfliegen-Larven. Alle Larven leben – soweit man weiß – von Aufwuchsalgen oder pflanzlichem Detritus.

Auf dem Weg von der Larve zur Imago, dem »fertigen« Insekt, legen die Eintagsfliegen noch das Stadium der Subimago ein, das bei den verschiedenen Arten von einigen Minuten bis rund 30 Stunden dauern kann. Erst wenn sich diese Subimago zur Imago häutet, werden Eintagsfliegen geschlechtsreif.

## **Wasserläufer** *Gerris*-Art

Die Unterordnung der Wanzen *(Heteroptera)* bildet eine wichtige und vor allem interessante Gruppe innerhalb der wassergebundenen Insekten. Auf dieser und der folgenden Seite sind einige wichtige Formen vorgestellt. Die Wasserläufer (*Gerridae*) – in Mitteleuropa ist nur die Gattung *Gerris* mit etwa 10 Arten vertreten – sind auf ruhigen Gewässern weit verbreitet und kommen dort meist in Gruppen vor. Sie haben sich die Wasseroberfläche als Lebensraum nutzbar gemacht, indem sie die Oberflächenspannung des Wassers ausnutzen. Ihre unbenetzbaren Beine tragen sie auf dem Oberflächenfilm; sie dienen sozusagen als Ausleger. Die Bauchunterseite der Tiere ist ebenfalls mit unbenetzbaren Haaren besetzt. Auf diesem tragfähigen Unterbau schießen die Wasserläufer auf der Oberfläche hin und her, auf der Suche nach Beute, die meist aus kleinen Insekten besteht. Der Vortrieb wird hauptsächlich vom mittleren Beinpaar erzeugt, die Hinterbeine dienen der Steuerung, und die wesentlich kürzeren Vorderbeine dienen zum Ergreifen der Beute.
Wasserläufer machen – wie alle Wanzen – eine unvollständige Entwicklung durch, d. h. aus den Eiern schlüpfen Larven, die sich nach mehrmaliger Häutung zum Vollinsekt (Imago) entwickeln. Das Puppenstadium fällt also bei diesen – wie man sagt hemimetabolen – Insekten weg. Manche Wasserläufer-Arten haben 2, andere nur 1 Generation im Jahr. So ist es leicht möglich, Larven und Imagines nebeneinander anzutreffen, die oft auch verschiedenen Arten angehören.

## **Stoßwasserläufer** *Velia currens*

Die Familie der Stoßwasserläufer *(Veliidae)* lebt ganz ähnlich wie die Wasserläufer, nämlich auch auf der Oberfläche, in diesem Falle aber hauptsächlich fließender Gewässer, wo sich die Stoßwasserläufer meist in den Uferbuchten aufhalten. Sie laufen außerordentlich schnell, sogar gegen die Strömung, und sie können auch unter die Wasseroberfläche tauchen. Ihre Beute besteht aus verschiedensten Tieren, die vom Wasser herangebracht werden. Die Paarung der *Velia*-Arten findet im Frühjahr statt. Die Entwicklung zur Imago geht über 5 Larvenstadien. Besonders interessant bei *Velia currens* ist die Tatsache, daß sie auf der Flucht vor Freßfeinden einen chemischen Trick anwendet: Sie entläßt einen Tropfen oberflächenaktiver Substanz, eines Tensids, das die Oberflächenspannung des Wassers zusammenbrechen läßt. Und mit dieser sich ausbreitenden »Welle der Entspannung« schießt die *Velia* dem sicheren Versteck entgegen über das Wasser.

## **Rückenschwimmer** *Notonecta glauca*

Die Familie der Rückenschwimmer *(Notonectidae)* ist mit 6 Arten in Mitteleuropa weit verbreitet. Sie sind das ganze Jahr über recht häufig in den verschiedenen Typen stehender Gewässer anzutreffen, wo sie sich hauptsächlich in den oberflächennahen Schichten aufhalten. Ihr auffälligstes Kennzeichen ist, daß sie sich normalerweise mit dem Rükken nach unten drehen. So hängen sie auch an der Wasseroberfläche, um Luft zu holen. Dabei gelangt Luft durch Stigmen am Hinterende in die Tracheen und von diesen in die beiden von wasserabstoßenden Haaren gebildeten Luftkanäle auf der Bauchseite. Diese Luft erzeugt einen Auftrieb, der die merkwürdige Haltung dieser Wasserwanze bedingt. Als Wassertiere haben sie die Hinterbeine zu Schwimmbeinen umgewandelt, die lange Schwimmborsten tragen. Rückenschwimmer leben räuberisch und erbeuten verschiedene Kleintiere, die sie mit den Vorderbeinen packen und mit dem Rüssel aussaugen.

## **Stabwanze** *Ranatra linearis* (Abb. unten links)
## **Wasserskorpion** *Nepa rubra* (Abb. unten rechts)

Diese beiden Wasserwanzen gehören zur Familie der Skorpionswanzen *(Nepidae)*. Beide Arten bevorzugen stehende oder nur langsam fließende Gewässer. Hier halten sie sich bevorzugt in den ufernahen Bereichen auf, meist im Pflanzengürtel. Sie sind nämlich beide mit ihren Schreitbeinen nur zu unvollkommenem Schwimmen befähigt. Zum Beutefang haben sie das aber auch gar nicht nötig: Beide Arten sind Ansitzjäger und warten unbeweglich an Wasserpflanzen oder auf dem Boden lauernd auf heranschwimmende Beute. Dabei sitzen sie so dicht unter der Wasseroberfläche, daß ihre langen zweiteiligen Atemröhren am Hinterende etwas darüber hinausragen. Mit diesen Röhren beziehen die Wanzen aus der Luft den zur Atmung nötigen Sauerstoff. Kommt ihnen ein Beutetier – Stabwanze und Wasserskorpion nehmen Wassertiere aller Art – zu nahe, wird es mit dem zu Fangbeinen umgewandelten ersten Beinpaar gepackt. Die eingeklemmte Beute wird an den Kopf herangezogen und mit dem Rüssel ausgesaugt.
*Ranatra* wird – ohne Atemrohr – 4 cm, *Nepa* nur 2 cm lang. Hat man kleinere Tiere vor sich, sind es die Larven, die von Mai bis Juli aus den Eiern schlüpfen und sich bis zum September in 5 Häutungen zum Vollinsekt (Imago) entwickeln. Beide Arten überwintern als Imagines.

## **Gelbrandkäfer** *Dytiscus marginalis*

Es gibt eine ganze Anzahl verschiedener Käfer, die sich dem Wasserleben angepaßt haben. Viele ihrer Larven leben ebenfalls im Wasser. Ein ganz typischer und auffälliger, zudem leicht erkennbarer, wasserlebender Käfer ist der Gelbrand aus der Familie der Schwimmkäfer *(Dytiscidae)*. Die Imagines werden 3–4 cm lang und sind auf der Oberseite dunkel olivgrün gefärbt, auf der Unterseite gelb-rötlich. Der ovale, flache Körper wird von breiten, gelben Streifen eingefaßt, die dem Käfer den Namen gegeben haben. Man könnte den Gelbrand von der Färbung her vielleicht mit dem ähnlichen Furchenschwimmer *(Acilius sulcatus)* verwechseln, aber die letztere Art wird nur bis 2 cm lang. Beim Gelbrand kann man die Geschlechter gut unterscheiden: das Männchen hat glatte Flügeldecken und Saugscheiben an den Vorderbeinen, mit denen es bei der Paarung das Weibchen festhält. Das Weibchen hat gefurchte Flügeldecken. Schwimmbeine haben natürlich beide Geschlechter. Die Hinterbeine dieser Käfer sind mit Reihen von Borsten besetzt, die ihnen die Funktion von Rudern geben. Ähnliche Gliedmaßen haben ja auch die Wasserwanzen entwickelt.

Den Gelbrandkäfer findet man in Deutschland das ganze Jahr über in ruhigem Wasser, in Teichen und Tümpeln. Sollte sein Wohngewässer austrocknen, fliegt der Käfer einfach zum nächsten ihm zusagenden Tümpel weiter. Die Tiere sind genau wie die bis 6 cm großen Larven (Abb. oben) gefräßige Räuber. Sie erbeuten alle Wassertiere geeigneter Größe bis hin zu Kaulquappen und kleinen Fischen. Während die Imagines die Beute mit den Mundwerkzeugen packen und fressen, gehen die Larven etwas anders vor: Sie packen die Beute mit der großen Oberkieferzange, durchbohren sie und spritzen ein Verdauungssekret in das gefangene Tier, das dadurch zersetzt wird. Die Larve braucht es dann nur noch aus der Körperhülle herauszuschlürfen. Man hat einmal ausgerechnet, daß Gelbrand-Larven während ihrer 6-wöchigen Entwicklung, in der 3 Häutungen stattfinden, rund 20 Kaulquappen pro Tag fressen. Zur Verpuppung kriecht die Larve an Land, wo sie sich in den Boden eingräbt, um ihn nach rund 2 Wochen als fertiger Käfer zu verlassen. Interessant ist noch zu erwähnen, daß Larve wie Imago zu ihrem Wasserleben Luftsauerstoff benötigen. Deshalb sieht man die Käfer immer wieder an die Wasseroberfläche steigen, unter den Flügeldecken einen Luftvorrat aufnehmen und dann wieder abtauchen. Die Larven müssen ebenfalls in Abständen zur Wasseroberfläche auftauchen, um ihr Tracheensystem über ein Stigmenpaar am Körperende zu füllen.

## **Mücken- und Fliegenlarven** *Diptera*

Die Zahl der Zweiflügler *(Diptera),* deren Larven im Wasser leben, ist außerordentlich groß. Deshalb sollen hier nur einige charakteristische Formen vorgestellt werden. Die Insektenordnung der Zweiflügler kann man in 2 Unterordnungen aufteilen, die der Mücken *(Nematocera)* und die der Fliegen *(Brachycera).* Mücken haben aus 2 Basalgliedern und 1 langen Geißel bestehende Fühler. Fliegen haben Fühler, die nur aus 3 kurzen Gliedern bestehen. Zweiflügler heißt die ganze Ordnung, weil die Hinterflügel zu den sogenannten Schwingkölbchen reduziert sind. Zum Fliegen dient also nur noch das vordere Flügelpaar.
Die Dipteren-Larven können die absonderlichsten Formen annehmen, je nach Lebensraum und Lebensweise. Die Larve der Büschelmücke *Corethra* (Abb. oben) ist sicher eine der eigentümlichsten Larvenformen. *Corethra* gehört in die große Familie der Stechmücken *(Culicidae).* Die Larven leben in Weihern. Sie sind so durchsichtig, daß man alle Körperorgane durch die Haut erkennen kann. Sie hat keine Atemöffnungen, sondern begnügt sich mit reiner Hautatmung. Ihre Fühler sind für den Beutefang umgebildet. Hauptsächlich werden Kleinkrebse gefangen. Die Larven schweben waagerecht im Wasser. 2 Paar Luftblasen vorne und hinten halten das Tier – je nach Füllung – in verschiedenen Wassertiefen. Diese Blasen sind wegen ihrer dunklen Pigmentierung leicht erkennbar. Die Puppe hängt senkrecht im Wasser und steigt erst kurz vor dem Schlüpfen der Imago an die Oberfläche.
Die Larven der Kriebelmücken *(Simuliidae)* (Abb. unten links) leben fast ausschließlich in Fließgewässern. Mit Haftscheiben am Ende ihres Hinterleibes halten sie sich auf Steinen oder Pflanzen fest. Haftapparate findet man bei verschiedenen Dipteren-Larven, die sich in Fließgewässern gegen die Strömung behaupten müssen. Ein schönes Beispiel dafür liefert die Larve der Lidmücke *Liponeura,* die auf der Bauchseite 6 Saugnäpfe trägt. Kriebelmücken-Larven tragen am Kopf kleine Fächer, die zusammen 2 Fangkörbe ergeben, mit denen die Larven ihre Nahrung – Algen, Detritus – aus dem vorbeiströmenden Wasser heraussieben.
Die Larven der Waffenfliegen *(Stratiomyidae)* (Abb. unten rechts) leben in Quellbecken, Tümpeln und Weihern, meist in den Algenwatten. Ihr Hinterleib ist zu einem Atemrohr verlängert, durch das die Larve Sauerstoff aus der Luft zur Atmung bezieht.
Schließlich seien noch die Zuckmücken *(Chironomidae)* erwähnt, deren wurmartig aussehende Larven im Boden fast jeden Gewässers zu finden sind und die als Fischnahrung eine große Rolle im Haushalt der Gewässer spielen.

## **Prachtlibellen-Larve** *Calopteryx*-Art
## **Gebänderte Prachtlibelle** *Calopteryx splendens*

Man unterscheidet bei den Libellen, einer Ordnung in der Klasse der Insekten, zwei große Gruppen, die Kleinlibellen und die Großlibellen. Die Kleinlibellen seien hier zuerst vorgestellt. Beide Gruppen kann man gut voneinander unterscheiden. Bei den Kleinlibellen (Unterordnung *Zygoptera*) sind Vorder- und Hinterflügel gleich gestaltet; in Ruhestellung werden die Flügel über dem Hinterleib senkrecht stehend zusammengelegt. Die Augen sind knopfförmig und liegen – durch einen breiten Raum getrennt – seitlich am Kopf. Der Flug der Kleinlibellen ist langsam und wirkt flatternd, und oft setzen sie sich auf Uferpflanzen, um vom Ansitz aus auf Beutefang zu gehen. Ihre Beute sind meist kleinere Insekten: Fliegen, Mücken, Motten und Wespen. Die Großlibellen (Unterordnung *Anisoptera*) haben unterschiedlich geformte Vorder- und Hinterflügel. In Ruhestellung tragen sie sie ausgebreitet. Die Augen sind sehr groß und damit auch sehr viel leistungsfähiger als die der Kleinlibellen. Meist stoßen sie mehr oder weniger zusammen. Ein guter Bestimmungsschlüssel hilft hier weiter, die einzelnen Arten zu unterscheiden. Der Flug der Großlibellen wirkt reißend, und meist sind diese Libellen in der Luft. Sie jagen ihre Beute im Flug, wobei die Beine einen regelrechten Fangkorb bilden. Entweder wird das gefangene Insekt bereits im Flug verzehrt oder die Libelle kehrt mit ihrer Beute zum Ansitz zurück, um sie dort zu verzehren.

Die Gebänderte Prachtlibelle ist eine der auffälligsten Kleinlibellen, die in Deutschland vorkommen. Sie ist weiter über große Teile Europas, über Nordafrika und Vorderasien verbreitet und ist bis in 1200 m Höhe anzutreffen. Man findet diese schöne Libelle fast nur an Fließgewässern, wobei sie breitere Flüsse mit schattenarmen Ufern bevorzugt. Es gibt in Deutschland 2 *Calopteryx*-Arten. Die zweite, *Calopteryx virgo,* hat durchgehend blaugrün schillernde Flügel; bei der Gebänderten Prachtlibelle beschränkt sich diese Färbung etwa auf die Flügelmitte. Die Gebänderte Prachtlibelle wird 5 cm lang und hat eine Spannweite von 7 cm. Die Weibchen sind bei beiden Arten weniger auffällig gefärbt als die Männchen.

Die Larven der Prachtlibellen sind leicht daran zu erkennen, daß sie einmal die schlanke Form aller Kleinlibellen-Larven haben, zum anderen unterschiedlich lange, dreikantige Ruderplättchen am Körperende tragen. Auf die Unterscheidungsmerkmale und Lebensweise der Libellenlarven wird auf der folgenden Seite eingegangen.

## **Libellen-Larven** *Odonata*

Bei einer Sammelexkursion an einen Weiher oder Teich, bei der man unbedingt ein langgestieltes Sieb mitnehmen sollte, wird man immer wieder auch Libellen-Larven vom Grund des Gewässers heraufholen. Genau wie bei den Imagines, kann man auch bei den Larven die beiden Unterordnungen der Libellen, die Groß- und die Kleinlibellen, gut unterscheiden.

Die Kleinlibellen-Larven haben einen langgestreckten, schlanken Körper. Sie tragen am Hinterleibsende 3 länglich-ovale oder dreikantige Ruderplättchen. Diese Ruderplättchen wurden früher mit der Atmung in Verbindung gebracht; heute ist man zu der Auffassung gelangt, daß sie in erster Linie Ruder- und Steuerorgane darstellen.

Die Großlibellen-Larven sind demgegenüber kräftiger gebaut, torpedoförmig oder regelrecht plump. Die Ruderplättchen fehlen ihnen. Dafür zeigen sie am Hinterleibsende eine aus 5 Stacheln aufgebaute sogenannte Analpyramide, deren Ausbildung – genau wie die der Ruderplättchen bei den Kleinlibellen-Larven – wichtige Unterscheidungsmerkmale der einzelnen Arten liefern. Aber auch hier muß auf genauere Bestimmungsliteratur verwiesen werden.

Sollte aber die Frage auftauchen, ob man überhaupt eine Libellen-Larve vor sich hat, so kann man sie an folgenden beiden Kennzeichen leicht identifizieren: Sie tragen auf dem Vorderleib 2 Flügelscheiden und auf der Kopfunterseite, bei manchen Arten auch an der Vorderseite des Kopfes, die typische Fangmaske, einen raffinierten Beutefangapparat. Denn alle Libellen-Larven sind Räuber, die Kleinkrebse, Würmer und Wasserinsekten aller Art packen, große Formen gehen auch an Wasserasseln, Flohkrebse, Kaulquappen und kleine Fische. Und um diese Beute zu ergreifen, haben die Libellen-Larven die Fangmaske als Umbildung der Unterlippe entwickelt. Ist die Beute in richtiger Entfernung, wird die Maske blitzschnell ausgefahren, wie es das obere Bild sehr deutlich zeigt. Hier hat eine Kleinlibellen-Larve gerade eine Zuckmücken-Larve gepackt. Eine andere Kleinlibellen-Larve ist auf Seite 77 abgebildet. Das untere Bild auf Seite 79 zeigt die Larve einer Großlibelle aus der Familie *Libellulidae*.

Libellen-Larven atmen mit Hilfe des Enddarms, an dessen Innenseite zahlreiche Tracheenkiemen stehen, die dem Gasaustausch dienen. Atemwasser wird durch rhythmisches Zusammenziehen und Erweitern des Enddarms gewechselt. Geschieht das Auspressen des Wassers sehr schnell, schießt die Larve durch den Rückstoß raketenartig nach vorn und kann sich auf diese Weise durch plötzliche Flucht einem möglichen Gegner entziehen.

## **Großer Blaupfeil** *Orthetrum cancellatum*

Über Europa, die angrenzenden Mittelmeerländer und Vorderasien verbreitet. Bei uns ist der Große Blaupfeil an größeren Seen, aber auch an Weihern und Altwässern anzutreffen. Die Männchen patrouillieren hier entlang der Ufer, fliegen aber auch über gewässernahe Wiesen und Äcker und sonnen sich gern auf der Erde. Ihre Flugzeit liegt zwischen Ende Mai und Mitte September. Diese Großlibelle wird bis zu 5 cm lang und hat eine Spannweite von bis zu 9 cm. Charakteristisch ist der kräftige, breite Hinterleib. Bei alten Männchen ist er blau bereift, die letzten Segmente zeigen eine schwarz-graue Färbung. Die Weibchen haben einen dunklen Hinterleib mit gelben Längsstreifen. Man könnte den Großen Blaupfeil vielleicht noch mit dem Plattbauch *(Libellula depressa)* verwechseln, aber bei dieser Art ist die Flügelbasis schwarzbraun abgesetzt. Die Larven des Großen Blaupfeils leben in der Vegetation am Grunde der Gewässer und machen hier Jagd auf Würmer, die Larven anderer Insekten und ähnliche Kleintiere. Die Entwicklung zur Imago kann sich – je nach Nahrungsangebot und Wassertemperatur – über mehrere Jahre hinziehen. Die Imagines ernähren sich von Insekten, die sie im Flug erbeuten.

## **Blaugrüne Mosaikjungfer** *Aeschna cyanea*

Über ganz Europa bis nach Kleinasien und Teilen Nordafrikas verbreitet. In bergigen Gegenden trifft man diese Großlibelle bis in 1400 m Höhe an. Sie ist überall an Tümpeln, Weihern und Seen, an Gräben und selbst weitab vom nächsten Gewässer anzutreffen. Die Flugzeit dieser Art liegt zwischen Mitte Juni und Anfang November. Mit einer Länge von 8 cm und einer Spannweite von 11 cm ist die Blaugrüne Mosaikjungfer eine der auffälligsten Libellen, denen man an den heimischen Gewässern begegnen kann. Die Zeichnung des Hinterleibs, die bei Libellen ein wichtiges Bestimmungsmerkmal ist, ist auf dem Foto so gut zu erkennen, daß auf eine Beschreibung verzichtet werden kann. Abgebildet ist das Männchen. Alte Weibchen haben einen dunkelrotbraunen Hinterleib, dessen helle Teile grün gefärbt sind. Auch an dieser Stelle sei noch einmal darauf hingewiesen, daß man zur genauen Artdiagnose beobachteter Libellen am besten ein gutes Bestimmungsbuch zu Rate zieht. Die Larven der Blaugrünen Mosaikjungfer schlüpfen Ende April/Anfang Mai aus den überwinterten Eiern und wachsen – je nach Lebensbedingungen – innerhalb einiger Jahre heran, wobei 2 Jahre die Regel sind.

## **Schlammfliege** *Sialis*-Art (Abb. oben links)

Schlammfliegen trifft man in der Nähe verschiedenartiger Gewässer in der Ufervegetation an. Sie stellen ihre Flügel in Ruhehaltung dachartig. Ihre langen Fühler sind nach vorn gestreckt. Von den Köcherfliegen unterscheiden sie sich durch annähernd gleichgroße Flügel. Die *Sialis*-Larven leben räuberisch am Gewässergrund.

## **Köcherfliegen** *Trichoptera*

Die Insektenordnung der *Trichoptera* soll hier nur summarisch vorgestellt werden, denn die Bestimmung der einzelnen Arten, ob Imagines oder Larven, ist nur dem Spezialisten möglich. Köcherfliegen-Imagines (Abb. oben rechts) kann man leicht daran erkennen, daß sie in Ruhe die Flügel dachartig über dem Hinterleib zusammenlegen. Diese Flügelhaltung erinnert vielleicht an manche Nachtfalter, aber Schmetterlinge haben immer beschuppte Flügel, wogegen die der Köcherfliegen lediglich Haare tragen. Zudem haben sie nicht den für die Schmetterlinge typischen Saugrüssel. Die erwachsenen Tiere sind bei fast allen Köcherfliegen-Arten unscheinbar gefärbt. Braune und graue Farbtöne herrschen vor, manchmal tritt eine Fleckung oder andere Zeichnung hinzu. Auffällig sind aber die langen Fühler, die in Ruhehaltung nach vorn ausgestreckt werden. Köcherfliegen wird man meist in der Nähe von Gewässern antreffen. Ihre Flugzeit liegt bei der Mehrzahl der einheimischen Arten zwischen Anfang Juni und Ende August und dauert gewöhnlich etwa 3 bis 4 Wochen.

Die Larven der Köcherfliegen leben immer im Wasser. Es gibt Larven, die ohne den charakteristischen Köcher leben, etwa die Larven aus den Gattungen *Hydropsyche* und *Rhyacophila*. Andere Larven bauen sich z. T. kunstvolle Köcher, die mit Hilfe der Vorderbeine und Mundwerkzeuge zusammengesetzt werden. Je nach Art verwenden sie dazu Schilfstücke, Teile von Blättern, Zweigstückchen, Fichtennadeln oder anderes pflanzliches Material, aber auch kleine Kieselsteine oder Sandkörner (Abb. unten rechts). Die Köcher dienen dazu, die Larven vor Freßfeinden zu schützen. Die meisten Larven gehen kriechend der Nahrungssuche nach. Dabei werden vielfältige Dinge aufgenommen, von Pflanzenteilen bis zu Kleintieren. In Fließgewässern leben netzbauende Arten, die sich von der Strömung Nahrungspartikel in die Netze (Abb. unten links) treiben lassen, die dann in regelmäßigen Abständen abgeweidet werden. 2 bis 3 Wochen dauert bei den Köcherfliegen die Puppenruhe. Nach dieser Zeit schlüpfen die Imagines, die nun schwimmend und kletternd versuchen müssen, das Gewässer zu verlassen.

## **Bachforelle** *Salmo trutta* f. *fario*

In kalten, sauerstoffreichen Fließgewässern mit Kies- und Geröllgrund über ganz Europa verbreitet bis hin zum Ural, nach Kleinasien und südlich des Schwarzen und des Kaspischen Meeres. Wegen ihres wohlschmeckenden Fleisches wird die Bachforelle vielerorts in Teichwirtschaften gehalten. Die Bachforelle ist eine stationäre Form der Lachsforelle *(Salmo trutta)*, die im Meer lebt und zum Laichen in die Flüsse aufsteigt. Bachforellen haben einen torpedoförmigen Körper, sind meist grünlich bis bräunlich gefärbt mit einem weißlichen Bauch. Auf dem Rücken tragen sie oberhalb der Seitenlinie große, runde, schwarze Flekken, entlang der Seitenlinie rote, hell umrandete Flecken. Die Laichzeit fällt in den Spätherbst und Winter. An einer flachen Stelle schlägt das Weibchen mit dem Schwanz eine Laichgrube in den Kiesgrund, in die etwa 1000 Eier abgelegt werden. Nach der Besamung durch das Männchen werden sie wieder mit Kies bedeckt. Ältere Tiere besetzen regelrechte Reviere, die gegen Eindringlinge verteidigt werden. Forellen ernähren sich vorwiegend von Wasserinsekten, Kleinkrebsen und ähnlichen Tieren, größere stellen auch kleinen Fischen nach.

## **Äsche** *Thymallus thymallus*

Über große Gebiete Europas verbreitet, mit Ausnahme der Iberischen und der Apennin-Halbinsel, Schottlands, großer Teile Skandinaviens und des Balkans. Auch innerhalb ihres Verbreitungsgebietes kommt die Äsche nur unregelmäßig vor, da sie an ihren Lebensraum sehr hohe Ansprüche stellt. Sie ist nämlich ein Standfisch in schnellfließenden, sauberen, sauerstoffreichen Gewässern mit festem Untergrund. Bei der Verschmutzung und Verbauung unserer Gewässer werden aber solche Flußabschnitte zunehmend in Mitleidenschaft gezogen, und die Äschenbestände gehen zurück. Den Fisch kann man gut an seiner langgestreckten Form, der Fettflosse und der charakteristischen Rückenflosse erkennen. Zur Laichzeit ist der Körper rötlich angehaucht. Hinzu kommen noch verstreute schwarze Flecken auf den Seiten. Äschen laichen von März bis Juni. Das Weibchen schlägt mit dem Schwanz eine Laichgrube aus, in die die Eier abgelegt werden. Nach der Besamung werden sie wieder mit Kies bedeckt. Nach etwa 2 Wochen schlüpfen die Larven. Die Fische werden mit 3 bis 4 Jahren geschlechtsreif und können bis 60 cm Länge heranwachsen. Die Nahrung der Äschen besteht aus Würmern, Schnecken, Insektenlarven, auch kleinen Fischen und Fischlaich.

## **Barbe** *Barbus barbus*

Auf der Iberischen Halbinsel, in Südwestengland, ansonsten in ganz Mitteleuropa bis zum Schwarzen Meer vorkommend. Die Barbe ist ein bodenlebender Fisch, der sauerstoffreiche, klare Fließgewässer mit Kies- oder Sandgrund besiedelt. Barben haben einen langgestreckten schlanken Körper mit einem unterständigen Maul, das von 4 Barteln umstanden ist. Diese Weißfische leben gesellig, halten sich aber tagsüber versteckt, so daß man sie in ihrem Lebensraum nur selten beobachten wird. In der Dämmerung werden die Barben lebhafter und gehen der Nahrungssuche nach. Dabei suchen sie nach Bodentieren, vor allem Insektenlarven, Würmern und Mollusken. Größere Tiere – Barben werden bis 90 cm lang und 8,5 kg schwer – stellen auch kleinen Fischen nach. Ihre Laichzeit liegt zwischen Mai und Juli. Die laichbereiten Fische wandern dann in großen Schwärmen flußaufwärts, um an flachen, kiesigen Stellen in der Strömung abzulaichen.

## **Brachsen, Blei, Brassen** *Abramis brama*

In Europa vom Atlantik bis zum Ural verbreitet, mit Ausnahme der Iberischen Halbinsel und nur nördlich der Alpen; auch das nördliche Skandinavien und der westliche und südliche Balkan werden nicht besiedelt. Bei uns kommt dieser Weißfisch in größeren nährstoffreichen Seen vor, aber auch in den Abschnitten von Flußläufen, wo sie im Tiefland langsam dahinfließen. Der Brachsen ist der typische Fisch dieser nach ihm benannten Region (s. Seite 8). Er ist ein hochrückiger Fisch, der seitlich zusammengedrückt erscheint. In der Regel werden Brachsen 30 bis 50 cm lang, doch werden auch Exemplare bis 75 cm Länge gefunden, die dann bis 6 kg schwer sein können. Ihre Nahrung sind – wie bei bodenorientierten Fischen nicht anders zu erwarten – Insektenlarven, die am Gewässergrund leben, Kleinkrebse, Mollusken und Würmer. Die Laichzeit liegt im Mai/Juni. Die Brachsen laichen in großen Schwärmen nachts an flachen, bewachsenen Uferstellen. Die Jungen schlüpfen je nach Wassertemperatur nach 3 bis 12 Tagen. Auch der Sauerstoffgehalt des Wassers spielt hier eine Rolle. Die Larven heften sich dann noch eine Zeitlang mit ihren Klebdrüsen am Kopf an Wasserpflanzen an. Im 3. bis 4. Jahr werden Brachsen geschlechtsreif. Brachsen sind wichtige Speisefische, wenn sie auch – wie viele Weißfische – grätenreiches Fleisch haben.

## **Schleie** *Tinca tinca*

In ganz Europa und Asien mit Ausnahme des Nordens verbreitet. Bei uns lebt die Schleie bevorzugt in warmen und reich verkrauteten Gewässern. Die braungrüne Färbung und die abgerundeten Flossen zusammen mit den in der dicken Haut verborgenen Schuppen machen die Schleie unverkennbar. Auch dieser Weißfisch spielt eine größere Rolle als Speisefisch und wird in Teichwirtschaften oft als Beifisch des unten beschriebenen Karpfens gezüchtet.

## **Karpfen** *Cyprinus carpio*

Ursprünglich nur im Gebiet des Schwarzen und Kaspischen Meeres, heute über ganz Europa verbreitet, da er überall als Zuchtfisch in Teichwirtschaften gehalten wird und verwildert ist. Er besiedelt bevorzugt tiefere, stehende und langsam fließende Gewässer mit Schlamm- oder Sandgrund und reichem Pflanzenwuchs, wo er sich tagsüber gerne am Boden aufhält. Nachts wird er aktiv und geht auf Nahrungssuche nach Kleintieren, die am Boden leben. Große Karpfen stellen auch Molchen und kleinen Fischen nach, und Karpfen können immerhin bis 1,20 m lang werden. Der Karpfen ist heute der wichtigste Süßwasser-Speisefisch in Europa. Denn der Mensch hat ihn schon im 13. bis 15. Jahrhundert in seine Obhut genommen, um ihn zu züchten. Die ursprüngliche Form ist der Schuppenkarpfen. Aber Schuppen sind bei der Zubereitung eines Fisches lästig, und so ging man daran, die Schuppen wegzuzüchten. Das Produkt dieser Bemühungen sind der Spiegelkarpfen, der eine Reihe vergrößerter Schuppen auf dem Rücken, hinter den Kiemendeckeln und vor der Schwanzflosse aufweist, und der Lederkarpfen, dem die Schuppen ganz fehlen. Zwischen diesen Formen gibt es viele Übergänge, zudem kann der Körperbau je nach Vorkommen stark wechseln. Die Laichzeit der Karpfen liegt zwischen Mai und Juli, aber auch hier pfuschen die Fischzüchter der Natur ins Handwerk. Man bestimmt den Termin lieber selbst, indem man den Fischen Hypophysenhormon injiziert. Die Tiere werden dann in kurzer Zeit laichreif, und man kann die Fische auf diese Weise unter kontrollierten Bedingungen erbrüten. Unter natürlichen Verhältnissen liegen die Verluste bei Fischeiern nämlich sehr hoch. Daher müssen die Weibchen ungeheure Mengen hervorbringen, um den Bestand der Population zu sichern. In Fischzuchtanstalten werden die natürlichen Risiken ausgeschaltet, und man erhält große Mengen an vorgestreckten Jungfischen, die man dann in geeignete Gewässer aussetzen kann, Maßnahmen, die aus der Gewässerpflege kaum mehr wegzudenken sind.

## **Bitterling** *Rhodeus sericeus*

Im mittleren und östlichen Europa verbreitet, wo er als geselliger Fisch flache ruhig fließende Gewässer–besonders Altarme größerer Flüsse – bewohnt, die einen pflanzenreichen Ufersaum zeigen. Stets wird man in den Gewässern, die der Bitterling bewohnt, auch Flußmuscheln der Gattung *Unio* antreffen, und damit wären wir bei einer der interessantesten Lebensweisen einheimischer Fische angelangt. Zur Laichzeit – im April bis Juni – bildet das Weibchen nämlich eine Legeröhre aus, die mehrere Zentimeter lang werden kann. Diese Röhre wird in die Atemöffnung der Muschel eingeführt, und die Eier können auf diese Weise in die Kiemen der Muscheln gelangen. Das Männchen schwimmt ebenfalls über die Muschel und entläßt seine Spermien ins Wasser. Sie gelangen mit dem eingesaugten Atemwasser in die Muschel, können die Eier befruchten, und die Larven können sich gut geschützt entwickeln. Die Jungfische werden schließlich mit dem Atemwasser der Muschel ausgestoßen.

## **Dreistacheliger Stichling** *Gasterosteus aculeatus*

Circumpolar in der kalten und gemäßigten Zone der nördlichen Halbkugel verbreitet, kommt aber innerhalb dieses Gebietes nicht überall vor. Der Dreistachelige Stichling ist sicher jedem Naturfreund bekannt. Er kann 3 einzeln stehende Stacheln auf seinem Rücken aufrichten, um sich vor dem Gefressenwerden zu schützen. Selbst Hechte haben es schwer, mit dem nur 8 cm langen Fisch fertig zu werden. Man unterscheidet beim Stichling nach der Lebensweise eine marine Wanderform, die im Frühjahr von den Meeresküsten ins Süßwasser zieht, um dort zu laichen, und eine stationäre Süßwasserform, die das ganze Leben im Süßwasser verbringt. Die von der Wanderform hervorgebrachten Jungfische ziehen, nachdem sie im Süßwasser herangewachsen sind, wieder dem Meer zu. Dabei müssen solche Fische auf ihren Wanderungen mit großen Unterschieden im Salzgehalt des jeweiligen Gewässers fertigwerden, eine physiologische Leistung, die die Fischereibiologen immer noch vor Rätsel stellt. Der Stichling ist auch ein interessantes Objekt für die Verhaltensforscher, denn er zeigt ein ausgeprägtes Laichverhalten. Es beginnt damit, daß das Männchen – jetzt mit einem roten Bauch – ein Revier bezieht und dort ein regelrechtes Nest baut. Auf umständliche Weise versucht es, ein laichbereites Weibchen ins Nest zu locken, damit es dort die Eier ablegt. Ist das geschehen, schwimmt das Männchen ins Nest, um die Eier zu besamen. Das Weibchen wird jetzt vertrieben, und das Männchen übernimmt allein die Bewachung der Eier und die Betreuung der Jungen.

## **Flußbarsch** *Perca fluviatilis*

Mit Ausnahme der Iberischen Halbinsel, Italiens, Schottlands, Teilen Norwegens und des westlichen Balkans über ganz Europa und Teile Asiens verbreitet. Bei uns kommt der Flußbarsch überall in stehenden und fließenden Gewässern bis in etwa 1000 m Höhe vor, wobei er allerdings als Standfisch klare Gewässer ohne starke Strömung mit einem harten Boden bevorzugt. Flußbarsche können bis zu 45 cm lang werden und sind geschätzte Speisefische. An der strahligen ersten Rückenflosse, den auffälligen Querbinden auf den Körperseiten und den rötlichen Bauch- und Afterflossen sind Flußbarsche leicht zu erkennen. Ihre Laichzeit liegt zwischen März und Juni. Die Eier werden in langen, gallertigen Schnüren in Flachwasserzonen an Wasserpflanzen, Steinen und ähnlichen Unterlagen festgeheftet. Nach 2 bis 3 Wochen schlüpfen die Jungen, die eine Zeitlang als Schwarmfische leben und dann am Ende des 2. Lebensjahres geschlechtsreif werden. Ihre Nahrung verschiebt sich von Kleinkrebsen und anderen Wassertieren entsprechender Größe hin zu Fischen. Alte Flußbarsche sind meist Einzelgänger.

## **Groppe, Koppe** *Cottus gobio*

Verbreitet über das gesamte gemäßigte Europa. In Deutschland ist die Groppe ein stationärer Bewohner rasch fließender, klarer Bäche und kleinerer Flüsse. Sie bevorzugt flaches Wasser mit steinigem Grund und kommt auch in den Uferzonen klarer, hochgelegener Seen der Alpen bis in 2200 m Höhe vor. Die Groppe ist ein Bodenfisch, was sich auch in der Gestalt ausdrückt. Der keulenförmige Körper geht vorn in einen breiten und abgeplatteten Kopf über. Von vorn sieht dieser nur bis 15 cm lange Fisch recht imponierend aus, vor allem wenn er das Maul aufreißt und seine großen Brustflossen abspreizt, was Teil seines Imponierverhaltens ist. Tagsüber leben die Groppen versteckt zwischen Geröll, unter Steinen und Wurzelwerk verborgen. Erst in der Dämmerung gehen sie auf die Nahrungssuche, wobei kleine Bodentiere, Fischlaich und -brut bevorzugt werden. Letzteres hat sie bei den Pächtern von Forellengewässern in Verruf gebracht. Die Laichzeit der Groppe liegt zwischen Februar und Mai, wobei das Männchen kleine Laichgruben vorbereitet, in die das Weibchen seine Eier ablegt, die wiederum vom Männchen bewacht und gegen Laichräuber verteidigt werden. Je nach Wassertemperatur schlüpfen die Jungen nach 3 bis 6 Wochen. Die Jungen wachsen schnell heran und erreichen bereits am Ende des 2. Lebensjahres die Geschlechtsreife.

## **Hecht** *Esox lucius*

Über fast ganz Europa mit Ausnahme der Iberischen Halbinsel und Süditaliens, ansonsten in der gemäßigten Zone holarktisch verbreitet. Der Hecht ist ein stationärer Süßwasserfisch, der sowohl in fließenden als auch in stehenden Gewässern vorkommt. Besonders liebt er flache Uferzonen, wo er seine Jagdweise hervorragend einsetzen kann. Bewegungslos lauert er in Deckung, um plötzlich hervorzuschießen und seine Beute mit den scharfen Zähnen zu packen, Wirbellose, Amphibien, Wasservögel und vor allem Fische. Seine Laichzeit liegt zwischen Februar und Mai, wobei er dann Flachwasser mit viel Pflanzenwuchs aufsucht, oft auch die Überschwemmungsflächen der Frühjahrshochwässer. Hier werden die Eier an Pflanzen angeheftet. Die Jungen schlüpfen nach 2–3 Wochen und ernähren sich zunächst von Kleinkrebsen. Die sehr gefräßigen Jungfische wachsen schon im 1. Jahr auf eine Länge von 15 bis 30 cm heran und werden bereits im 2. Jahr geschlechtsreif.

## **Wels, Waller** *Silurus glanis*

Über Mittel- und Osteuropa verbreitet, bis Kleinasien, und große Teile der Sowjetunion, mit Ausnahme der nördlichen Regionen. Das Verbreitungsbild wird allerdings – wie bei vielen Fischarten – durch künstliche Besatzmaßnahmen verändert. Der Wels bevorzugt wärmere Seen, Altwässer und größere Flüsse mit weichem Boden, wo er sich tagsüber in Höhlen, in tiefen Kolken und ähnlichen Ruheplätzen aufhält. Nachts wird der große Fisch aktiv. Den Winter verbringen Welse einzeln oder in kleinen Gruppen ruhend ohne Nahrungsaufnahme. Die Welse haben einen schuppenlosen, schleimigen Körper mit einem breiten, abgeplatteten Kopf, einer sehr kurzen Rücken- und einer langen Afterflosse. 2 lange, mit Sinnesorganen besetzte Bartfäden stehen an der Oberseite des Maules, 4 kleinere auf der Unterseite. Ihre Nahrung besteht aus Fischen, Fröschen, Wasservögeln und Kleinsäugern, je nach Größe des Welses, die immerhin beträchtlich werden kann, bis zu 2,50 m. Man findet auch Angaben, daß Welse bis 3 m lang und 150 kg schwer werden können. Die Laichzeit dieser großen und bei uns leider selten gewordenen Fische liegt zwischen Mai und Juli. Je nach Wassertemperatur entwickeln sich die Eier in 3 bis 10 Tagen. Beim Schlüpfen sind die Larven 7 mm lang. Junge Welse werden etwa im 3. Lebensjahr geschlechtsreif. Man schätzt, daß Welse 80 Jahre alt werden können. Bei uns landen gefangene Welse wegen ihrer Seltenheit meist in den großen Aquarien der zoologischen Gärten, in südosteuropäischen Ländern sind sie von einiger wirtschaftlicher Bedeutung.

## **Bergmolch** *Triturus alpestris*

Verbreitet über Mitteleuropa, die Alpenländer und die Karpaten. Auf der Apennin-Halbinsel und auf dem Balkan kommt der Bergmolch in anderen Rassen vor. Bei uns ist dieser Molch weit verbreitet, hat aber in der norddeutschen Tiefebene nur vereinzelte Vorkommen. Der Bergmolch erscheint zuweilen schon im Februar an den Gewässern, wobei er stehende und fließende Gewässer und ihre Ufer besiedelt, die sowohl im Hügelland als auch im Gebirge liegen können. Immerhin kommt er bis in rund 3000 m Höhe vor. Daher hat er auch seinen wissenschaftlichen Namen und die zweite deutsche Bezeichnung: Alpenmolch. Die Laichzeit dauert bis in den Mai hinein, danach führen die Bergmolche ihr heimliches Landleben. Interessant ist bei diesen Molchen, daß ihre Larven im Gewässer überwintern, wenn ihr hochgelegener Lebensraum es nicht ermöglicht, daß sie sich innerhalb eines Sommers entwickeln. In der Laichzeit tragen die Männchen einen niedrigen Rückenkamm, der übergangslos in den Hautsaum des Schwanzes übergeht. Das auffälligste Kennzeichen des Bergmolches ist aber seine orangerote Bauchunterseite, die in der Kehlengegend dunkel gefleckt sein kann, und zwischen der schiefergrauen Ober- und dieser auffälligen Unterseite liegen zahlreiche dunkle Flecken. Bergmolche werden bis 11 cm lang.

## **Teichmolch** *Triturus vulgaris*

Verbreitet im nördlichen und gemäßigten Europa und Asien. Südlich der Alpen, auf der Apennin-Halbinsel, dem Balkan und am Kaukasus kommen unterschiedliche Rassen des Teichmolches vor. Von allen Molchen ist der Teichmolch am wenigsten anspruchsvoll, was seinen Lebensraum betrifft. Zuweilen erscheint er schon sehr zeitig im Frühjahr, manchmal schon im Februar, in kleinsten Pfützen, Tümpeln und Gräben, allerdings meist in tieferen Lagen. Im Gebirge hat man diesen Molch bis in etwa 1000 m Höhe festgestellt. Die Laichzeit des Teichmolches liegt bei uns in der Regel im April und Mai. Teichmolche werden rund 10 cm lang. Ihre Körperform ist ziemlich schlank. Das Männchen trägt in der Fortpflanzungszeit einen sehr hohen, welligen Rückenkamm, der nie so stark gezackt ist wie der des Kammolches und auch nicht zum Schwanz hin abgesetzt, sondern sich bis zum Schwanzende durchzieht. Der Kopf zeigt 5 dunkle Längsstreifen, von denen sich 2 durch die Augen ziehen. Diese Kopfzeichnung ist wohl das eindeutigste Artkennzeichen des Teichmolches. Denn nach der Laichzeit verschwinden die Hautkanten und -säume wieder. Der Teichmolch führt außerhalb der Laichzeit ein verborgenes nächtliches Landleben.

## **Kammolch** *Triturus cristatus*

Verbreitet in Europa nördlich der Alpen, von Großbritannien und Mittelfrankreich im Westen bis Mittelrußland im Osten und Mittelschweden im Norden. In diesem Gebiet kommt der Kammolch an pflanzenreichen Gräben, Weihern, auch größeren Gewässern im Flach- und Hügelland bis in etwa 1000 m Höhe vor, aber nirgends häufig, und manche früheren Fundorte sind erloschen. Gewässerverunreinigung und die sogenannte Kultivierung der Landschaft fordern auch bei den Amphibien Opfer, und unsere Lebensräume verarmen auch in dieser Hinsicht mehr und mehr. Kammolche werden bis 16 cm lang. Die Männchen sind während der Laichzeit, die zwischen März und Juli liegt, leicht an ihrem hohen, gezackten Rückenkamm zu erkennen, der vom Hautsaum auf dem Schwanz durch einen tiefen Einschnitt abgesetzt ist. Das Weibchen hat keinen Kamm, nur einen Hautsaum auf der Ober- und der Unterseite des Schwanzes. Nach der Fortpflanzungszeit gehen die meisten Kammolche an Land, wobei sich Kämme und Hautsäume zurückbilden.

## **Fadenmolch** *Triturus helveticus*

Der Fadenmolch ist eine westeuropäische Art, die von der Iberischen Halbinsel über Frankreich, Großbritannien, Belgien, die Niederlande bis nach Westdeutschland und der Schweiz verbreitet ist. Als Lebensraum bevorzugt dieser Schwanzlurch bewaldetes Hügelland, wo er zur Paarungszeit im Frühjahr, von Mitte März an, langsam fließende Bäche und Gräben aufsucht. Seltener trifft man ihn in stehenden Gewässern an. Im Frühsommer verlassen die Fadenmolche ihre Laichgewässer und gehen aufs Land, wo sie auch überwintern. Dabei bilden sich die Seitenkanten, die Schwimmhäute an den Füßen und der Schwanzfaden zurück. Dieser etwa 1 cm lange Schwanzfaden ist während der Laichzeit das sicherste Erkennungsmerkmal des Fadenmolches. Allerdings hat nur das Männchen den charakteristischen Faden. Ansonsten erkennt man das Fadenmolch-Männchen während dieser Zeit auch an der nur niedrigen Hautleiste auf dem Rücken, die ohne eine Unterbrechung in den oberen Schwanzsaum übergeht. Zudem zeigt es eine deutlich vorspringende Kante an jeder Rückenseite. Das Weibchen zeigt weder diese Seitenkanten, noch die Hautleiste auf dem Rücken, Schwimmhäute oder den Schwanzfaden. Die Oberseite des Fadenmolches ist meist olivbräunlich gefärbt, oft mit kleinen dunklen Flecken. An den Kopfseiten bemerkt man meist einen dunklen, durchs Auge gehenden Längsstrich. Der Bauch ist nur in der mittleren Zone gelblich gefärbt, an den Seiten jedoch weißlich und meist ohne Flecke, genau wie die Kehle.

## **Wasserfrosch, Teichfrosch** *Rana esculenta*

Verbreitet von England, Frankreich über ganz Mitteleuropa bis zur Apennin-Halbinsel, im Norden bis Dänemark, Schweden und Mittelrußland, im Osten bis zur Ukraine und Rumänien. In Deutschland ist der Wasserfrosch an fast allen kleineren und größeren Gewässern mit reichem Wasser- und Uferpflanzenbewuchs vom Tiefland bis in mittlere Gebirgslagen anzutreffen. Wasserfrösche werden 7 bis 10, in Ausnahmefällen bis 12 cm lang und sind an ihrer grasgrünen Färbung mit den gelb und schwarzbraun marmorierten Hinterschenkeln leicht zu erkennen. Oft zeigen sie einen hellen, meist gelblichgrünen Längsstreifen auf der Oberseite, aber nie den dunklen, keilförmigen Schläfenfleck, der für den Grasfrosch typisch ist. Zur Paarungszeit im Mai sind die Teichfrösche nicht zu überhören. Ihr lautes »ärrr, ärrr, ärrr, oäck, oäck« ist unverkennbar. Beobachtet man dabei die Tiere, die oft in großen Gruppen ablaichen, sieht man sehr schön, wie sie die Schallblasen aus je einem Spalt hinter den Mundwinkeln zu beiden Seiten des Kopfes ausstülpen. Ihren Laich geben die Wasserfrösche im Gegensatz zu Erd- und Wechselkröte (Seite 106) in großen Klumpen ins Wasser ab, die je einige hundert Eier enthalten. Insgesamt kann ein Weibchen 5000 bis 10000 Eier ablegen, aus denen nach 7 bis 10 Tagen die Kaulquappen schlüpfen, die sich wiederum nach rund 4 Monaten verwandeln. Mit 3 Jahren werden die meisten Jungfrösche geschlechtsreif. Die Lebensdauer der Wasserfrösche liegt bei rund 10 Jahren.

## **Grasfrosch** *Rana temporaria*

Verbreitet über das gesamte nördliche und gemäßigte Europa und Asien. Nur im Winter und Frühjahr halten sich die Grasfrösche in und an Gewässern auf, wobei sie kleine Tümpel und Weiher bevorzugen. In der übrigen Zeit des Jahres sind sie in den verschiedensten Natur- und Kulturlandschaften – in Sumpfgebieten, auf feuchten Wiesen, auf Feldern und in Parks – oft in beträchtlicher Entfernung von Gewässern anzutreffen. Im Gebirge ist der Grasfrosch bis in 2500 m Höhe beobachtet worden. Der Grasfrosch ist also – wie die Erdkröte (Seite 106) – nur zur Laichzeit auf ein Gewässer angewiesen. Sie beginnt schon Ende Februar und dauert bis in den April. Die Männchen lassen in dieser Zeit ein lautes, dumpfes Knurren hören, das mit Hilfe der beiden Schallblasen auf der Unterseite des Kopfes erzeugt wird. Der Laich wird in großen Klumpen abgelegt, die bis zu 4000 Eier enthalten können. Grasfrösche sind bei uns mit die häufigsten Frösche und an ihrer braunen, dunkel gefleckten Oberseite und dem dunklen Schläfenfleck gut zu erkennen.

## **Erdkröte** *Bufo bufo*

Über den größten Teil des mittleren und nördlichen Europas und des gemäßigten Asiens verbreitet. Aus dem Mittelmeergebiet und Ostasien sind andere Rassen beschrieben worden, die bis zu 20 cm lang werden können. Unsere heimischen Erdkröten nehmen sich dagegen mit 8 cm für das Männchen und 13 cm für das Weibchen bescheiden aus. Bescheiden sind auch ihre Lebensansprüche. In Wäldern und Gärten kommen sie ebenso vor wie auf Wiesen und Feldern, aber auch als Siedlungsfolger in feuchten Kellern. Die Erdkröten sind ausgesprochen nützliche Tiere, die viele Schadinsekten, Schnecken und andere Kleintiere vertilgen. Daher sollte man sie schonen, wo man sie trifft. Das gilt besonders für die Zeit im März/April, wo die Erdkröten zu ihren Laichgewässern wandern. Dabei müssen sie oft stark befahrene Straßen überqueren und wurden früher achtlos zu Hunderten überfahren. Heute werden manche Straßen gesperrt, bis die Tiere zurückgewandert sind in ihr Wohngebiet, oder es werden Amphibien-Schutzzäune aus niedriger Plastikfolie angelegt, an denen die Tiere entlanglaufen. Dabei leitet man sie entweder in Betonröhren unter der gefährlichen Straße hindurch oder man fängt sie in Eimern auf, die in den Boden eingelassen sind. Engagierte Naturschützer sind dann die ganze Nacht unterwegs, um die Kröten sicher über die Straße zu bringen.

## **Wechselkröte** *Bufo viridis*

Über Westasien, Süd- und Mitteleuropa verbreitet, allerdings nicht auf der Iberischen Halbinsel, in großen Teilen Frankreichs, Großbritanniens, in Belgien und in Holland; kommt im Norden bis Dänemark und Südschweden vor. Die Wechselkröte ist eine mehr östlich verbreitete Form. Sie ist nicht sehr ans Wasser gebunden, sondern erträgt Trockenheit durchaus. Folglich ist sie in den verschiedensten Biotopen anzutreffen. Sie ist also sehr »plastisch«, wie man in der Ökologie sagt. Dennoch ist die Wechselkröte natürlich bei der Fortpflanzung auf das Wasser angewiesen. Das Männchen trillert lang »ürrr-ürrr-ürrr«, ein Ruf, den man nicht verwechseln kann. Die Laichzeit der Wechselkröte liegt zwischen Anfang April und Anfang Juni, und dann findet man auch die langen Laichschnüre, die die Weibchen ablegen. 10000 bis 12000 Eier können die Laichschnüre eines einzigen Weibchens enthalten. Wechselkröten werden bis 9 cm lang, und selbst wenn man das Tier außerhalb der Laichzeit antrifft und den Ruf nicht als Kennzeichen zur Verfügung hat, kann man die Wechselkröte wegen ihrer dunkelgrünen Fleckung mit roten Punkten auf hellem Grund kaum verwechseln.

## **Gelbbauchunke, Bergunke** *Bombina variegata*

Verbreitet über Mitteleuropa, die nördlichen Regionen der Apennin-Halbinsel und des Balkans, hier aber in anderen Rassen. In Deutschland hat die Gelbbauchunke ihren Verbreitungsschwerpunkt im Südwesten. Obwohl sie auch in ebenen Lagen nicht fehlt, trifft man sie doch im allgemeinen eher im Hügel- oder Bergland an. Bis in 1800 m Höhe hat man die Unke beobachtet. Sie ist ein ausgesprochener Wasserbewohner und bevorzugt stehende oder langsam fließende Gewässer – Altwässer, Gräben und Tümpel –, die klares Wasser und reichen Pflanzenwuchs aufweisen. Oft findet man sie aber auch in kleinen Pfützen. Die Gelbbauchunke ist eigentlich sehr unscheinbar. Sie wird nur 5 cm lang, ihre Oberseite ist verwaschen oliv- bis graubraun gefärbt. Manchmal zeigt die Oberseite auch dunkle Flecken. Von oben kann man die Bergunke also leicht übersehen. Anders, wenn man das Tier von der Unterseite betrachtet: Große zitronen- bis dottergelbe Flecken, gepaart mit weißen Punkten, werden auf blaugrauem bis fast schwarzem Grund sichtbar. Eine solche Zeichnung legt im Tierreich immer den Schluß nahe, daß damit andere Tiere gewarnt oder abgeschreckt werden sollen. Und genau dies ist auch bei der Gelbbauchunke der Fall. Fühlt sie sich an Land bedroht, dann wirft sie sich auf den Rücken und zeigt dem Gegner die kräftig gefärbte Unterseite. Erst wenn die Gefahr vorüber ist, löst sie sich wieder aus dieser Stellung. Im Wasser würde die Unke blitzschnell tauchen und sich in den Schlamm am Grunde des Gewässers einwühlen, um sich in Sicherheit zu bringen. Eine andere Methode, um sich vor einem möglichen Freßfeind zu schützen, ist chemischer Natur: Die Unke produziert ein giftiges Hautsekret, das auch beim Menschen, vor allem in den Augen, an den Lippen und auf den Nasenschleimhäuten, unangenehme Entzündungen hervorrufen kann. Bergunken haben ihre Paarungszeit von der zweiten Aprilhälfte bis in den August hinein, also nicht so sehr festgelegt, wie es etwa bei Erdkröten oder Grasfröschen der Fall ist. Während dieser Zeit werden mehrfach kleinere Eiklumpen an Wasserpflanzen und Steinen abgelegt, aus denen nach etwa 1 Woche die Kaulquappen schlüpfen.
Ganz ähnlich wie die Lebensweise der Bergunke ist die der Tieflandunke *(Bombina bombina)*, die aber anstelle der gelben eine rote Bauchzeichnung aufweist und daher auch unter dem einprägsameren Namen Rotbauchunke bekannt ist. Sie ist eine Form, die die Ebenen Norddeutschlands, Dänemarks, Südschwedens, vor allem aber das Wiener Becken und Teile des Balkans besiedelt, aber nie in Höhenlagen über 250 m beobachtet wurde.

## **Europäische Sumpfschildkröte** *Emys orbicularis*

Über Nordwestafrika durch Süd- und Mitteleuropa bis nach Kleinasien verbreitet. In Deutschland ist diese Schildkröte selten geworden und nur noch an ganz wenigen Stellen zu finden. Dennoch gehört dieses amphibische Reptil in den Lebensraum der stehenden und langsam fließenden Gewässer, wobei die Sumpfschildkröte Teiche, Seen und Altarme bevorzugt. Bei Sonnenschein liegen die Tiere gern auf dem Land, aber der abgeflachte Panzer – der bis zu 30 cm lang werden kann –, die Schwimmhäute zwischen Fingern und Zehen und die auffällige gelbe Fleckung am Kopf und an den Beinen lassen kaum Verwechslungen mit entwichenen Landschildkröten zu. Aber so gut wird man die scheuen Wasserbewohner nur selten beobachten können. Die Sumpfschildkröten ernähren sich von Lurchen und Fischen, Würmern, Schnecken und anderen Wassertieren. Wie es sich für die Schildkröten gehört, legt auch diese Art Eier, und zwar 3 bis 16 in eine vom Weibchen selbst gegrabene Mulde. Die Jungen schlüpfen nach etwa 2 Monaten und sind dann völlig selbständig. Sumpfschildkröten können 70 Jahre alt werden.

## **Ringelnatter** *Natrix natrix*

Verbreitet über Europa und Nordwestafrika, über Kleinasien und Nordpersien. Diese völlig harmlose Schlange bewohnt bevorzugt Ufer von stehenden oder langsam fließenden Gewässern, wenn diese einen reichen Pflanzenwuchs aufweisen. Die Ringelnatter ist zwar nicht direkt vom Wasser abhängig, aber sie schwimmt und taucht ausgezeichnet, und man wird sie eher als andere Schlangen an Gewässern antreffen. Deshalb reicht auch das Spektrum ihrer Beutetiere von Eidechsen über Molche und Frösche bis hin zu Fischen. Da die Ringelnatter keine Giftzähne hat, verschlingt sie ihre Beute lebend. Und da sie eben harmlos ist, sollte man sie auch entsprechend schonen. Der gelbe Fleck oder Halbmond hinter dem Kopf und der zeichnungslose Körper machen die Artdiagnose sehr einfach. Fühlt sich die Schlange bedroht, zischt sie meist stark, bläht sich auf und stößt mit dem Kopf zu. Aber dabei beißt sie nicht, sie versucht nur, ihre Stinkdrüsen an der Schwanzwurzel zu entleeren. Die Ringelnattern paaren sich im Frühling und Frühsommer. Im Juli/August werden 10 bis 30 und mehr Eier unter Steinen, im Laub, in feuchter Erde oder an ähnlichen Stellen vom Weibchen abgelegt, aus denen nach 7 bis 10 Wochen die rund 20 cm langen jungen Nattern ausschlüpfen. Erwachsene Weibchen können bis 1,50 m, männliche Tiere bis zu 1 m lang werden. Die Lebensdauer beträgt bis zu 25 Jahren.

## **Haubentaucher** *Podiceps cristatus*

Brutvogel in ganz Europa mit Ausnahme von Nordskandinavien. In seinem Verbreitungsgebiet ist er überall an Seen und größeren Weihern regelmäßiger und nicht seltener Brutvogel. Der Haubentaucher ist der größte unter den europäischen Lappentauchern. Zu dieser Familie gehören noch der Rothalstaucher *(Podiceps griseigena),* der Schwarzhalstaucher *(Podiceps nigricollis),* der Ohrentaucher *(Podiceps auritus)* und der Zwergtaucher (s. u.). Alle sind europäische Brutvögel, jedoch sind Rot- und Schwarzhalstaucher in Mitteleuropa viel seltener anzutreffen als Hauben- und Zwergtaucher. Der Ohrentaucher ist ein Bewohner skandinavischer Weiher und Seen. Der Haubentaucher ist etwa so groß wie eine Stockente und wegen seiner auffälligen Färbung zur Brutzeit – mit schwarzer Federhaube und rotbraunem Federkragen am Kopf – kaum mit einem anderen Wasservogel zu verwechseln. Besonders reizvoll ist die Balzzeremonie der Haubentaucher, die man im April/Mai beobachten kann. Das Nest des Haubentauchers besteht aus einem großen schwimmenden Haufen zusammengetragenen faulenden Pflanzenmaterials. Die Taucher legen gewöhnlich 4 Eier, manchmal auch nur 3, selten mehr. In Mitteleuropa kann man von Mitte Mai bis in den Juni hinein mit vollen Gelegen rechnen.

## **Zwergtaucher** *Podiceps ruficollis*

Brutvogel in fast ganz Europa, in Nordafrika, Kleinasien und Teilen der Sowjetunion. Da der Zwergtaucher auch an relativ kleinen Weihern und Tümpeln anzutreffen ist, also sozusagen ein größeres Reservoir an Lebensraum ausschöpfen kann als der Haubentaucher, ist er in Mitteleuropa häufiger als sein naher Verwandter, der größere stehende Gewässer bevorzugt. Trotzdem sieht man den Zwergtaucher selten. Er lebt recht versteckt, aber seine trillernden »bibibibi«-Rufe sind unverkennbar. Auch der Zwergtaucher baut ein Schwimmnest, das meist in relativ dichter Vegetation, nur wenige Meter vom Ufer entfernt, steht. Die Gelege findet man von Anfang Mai bis in den Juli hinein. Sie bestehen meist aus 5, vielfach auch 6 oder gar 7 Eiern. Zwergtaucher überwintern oftmals bereits in Mitteleuropa, und in dieser Zeit kann man den Taucher auch inmitten der Städte antreffen, wo er sich auf Flüssen, Stadtteichen oder in Hafenbecken für kürzere oder längere Zeit aufhält.

## **Große Rohrdommel** *Botaurus stellaris*

Über große Teile Europas, Asiens und Nordwestafrikas verbreitet. In Mitteleuropa ist die Große Rohrdommel regelmäßig an größeren Seen mit ausgedehnten Schilfgürteln anzutreffen, wenn auch nirgends häufig. Meist wird man auf die Anwesenheit des Vogels nur durch seine Rufe aufmerksam. Das dumpfe »üüü-prumb« kann man an stillen Frühlingstagen oft einige Kilometer weit hören. Sein braun, schwarz und ockergelb getöntes Gefieder gewährt dem Vogel in seinem Lebensraum, dem Schilfröhricht, optimalen Schutz und Tarnung. Bei Gefahr nehmen die Vögel die sogenannte Pfahlstellung ein, d. h. sie legen ihr Gefieder an und richten sich steil auf, Hals und Kopf zeigen nach oben. Durch die Längsstreifung des Halsgefieders »verschwimmt« der Vogel so fast völlig mit der Umgebung. Entsprechend der versteckten Lebensweise der Art ist ihre Brutbiologie nur unvollkommen bekannt. Rohrdommeln bauen einen flachen Horst aus Schilfhalmen und Binsen. Sie legen 4 bis 5 bräunlich gefärbte Eier, die knapp 1 Monat bebrütet werden. Die Jungen verlassen schon bald nach dem Schlüpfen den Horst und klettern dann im Schilfwald in der Umgebung herum.
An kleineren Gewässern trifft man die nahe verwandte Zwergrohrdommel *(Ixobrychus minutus)* an.

## **Graureiher** *Ardea cinerea*

Brutvogel in großen Teilen Europas, Asiens und Nordafrikas. In Deutschland kommt der Graureiher in Gegenden vor, die ihm genügend Nist- und Nahrungsmöglichkeiten bieten. Seine Bestände sind aber stark gefährdet, da man ihm vielerorts unablässig nachstellte. Empfindlich ist der Graureiher vor allem in seinen Brutkolonien, die in den Kronen kleinerer und größerer Waldungen angelegt werden. Oft stehen mehrere Horste auf einem Baum. Die Gelege aus 4 bis 5 einfarbig blaugrünen Eiern findet man schon Ende März. Und von da an sollte man eine Brutkolonie nicht mehr betreten, was in einigen Bundesländern mittlerweile auch gesetzlich verboten ist. Die Kolonien werden oft schon seit Jahrzehnten, wenn nicht gar Jahrhunderten, im gleichen Gehölz oder Waldgebiet angelegt. Daher ist es besonders kritisch, wenn die Horstbäume aus forstlichen Gründen oder durch Sturmkatastrophen gefällt werden. Der Graureiher ist ein Vogel, der kaum mit anderen Großvögeln zu verwechseln ist. Am ehesten käme der ähnlich gefärbte Kranich *(Grus grus)* in Frage, den man mit einem Graureiher in Verbindung bringen kann. Aber im Flug tragen Kraniche und Störche den Hals lang ausgestreckt, während Reiher ihn S-förmig einziehen.

## **Höckerschwan** *Cygnus olor*

Wilde Höckerschwäne brüten in Europa noch in Dänemark, Mittel- und Südschweden, in Norddeutschland und nach Osten bis in die Sowjetunion. Aus diesen Wildbeständen hat man vor etwa 100 Jahren Schwäne in verschiedenen Gegenden Mitteleuropas eingebürgert, und mittlerweile sind sie auf allen stehenden Gewässern zu Charaktervögeln geworden – ja, sie haben sich an manchen Seen derartig vermehrt, daß man sich Gedanken über einen etwaigen Abschuß macht. An manchen Seen bringt man die Höckerschwäne auch mit dem Absterben des Schilfröhrichts in Verbindung, denn Schwäne bauen einerseits große Horste, wobei sie aus der Umgebung Schilfhalme herantragen. Andererseits scheinen sie auch die jungen Schilftriebe zu verbeißen, was das Schilf in bestimmten Wachstumsphasen nicht verträgt. Da die großen Vögel keine natürlichen Feinde mehr haben, die Greifvögel kaum mehr eine Bedrohung darstellen und höchstens den Eiern und Jungvögeln Gefahr droht, muß der Mensch wieder einmal eingreifen, um notfalls die Schwanenbestände zu kontrollieren. Hinzu kommt das in der Brutzeit (April/Mai) ausgesprochen aggressive Verhalten des Schwanenmännchens, das in seinem Brutgebiet andere Wasservögel, Enten und Taucher, rigoros vertreibt und auch vor Wasserwanderern nicht halt macht.

## **Graugans** *Anser anser*

Als Brutvogel über weite Gebiete Europas und Asiens verbreitet. In Deutschland brütet die Graugans in Ostholstein, Mecklenburg, Brandenburg und der Oberlausitz. An manchen Seen Norddeutschlands hat man in den letzten Jahren Graugänse als Brutvögel angesiedelt. Der Vogel ist als Stammform der Hausgans und durch die Forschungen des Verhaltensbiologen Konrad Lorenz hinlänglich bekannt. Von anderen Gänsearten, die zwar nicht in Mitteleuropa brüten, auf dem Zug aber in großen Scharen an der deutschen und holländischen Nordseeküste beobachtet werden können, unterscheidet sich die Graugans durch den blaßgrauen Vorderflügel, den orangefarbenen Schnabel, die fleischfarbenen Beine und Füße und die typischen »gagagagag«-Rufe. Die Gans baut ein umfangreiches Nest aus Schilfhalmen, Binsen und anderem Pflanzenmaterial. Die Nestmulde wird mit feinen Halmen und Daunen ausgepolstert. 4 bis 6 Eier werden gewöhnlich gelegt, man hat aber auch Gelege mit 9 Eiern gefunden. Zunächst sind die Eier reinweiß, nehmen aber im Laufe der Bebrütung eine schmutzig-weiße Färbung an. Volle Gelege findet man in Mitteleuropa schon Ende März/Anfang April.

## **Stockente** *Anas platyrhynchos*

Brutvogel in ganz Europa, im nördlichen und mittleren Asien, in Nordamerika, in Nordwestafrika und in Kleinasien. In Mitteleuropa ist die Stockente überall häufig und wohl jedem bekannt. Die Stockente gehört in die Gruppe der Schwimm- oder Gründelenten, zu der auch Krick-, Knäk-, Schnatter-, Pfeif-, Spieß- und Löffelente gehören. Diese Entenarten suchen ihre Nahrung gründelnd im flachen Wasser, die Ente steht also auf dem Kopf und der Hinterleib ragt aus dem Wasser. Gründelenten haben eine langgestreckte Körperform, der Schwanz ragt schräg aus dem Wasser heraus. Die Erpel, also die männlichen Enten (Abb. oben links) tragen durchweg ein auffälliges Gefieder, während die Weibchen (Abb. oben rechts) unscheinbar gefärbt sind, was sicher damit zusammenhängt, daß bei den Enten die Weibchen allein die Eier ausbrüten und auf dem Nest gut getarnt sein müssen. Auffälliges Kennzeichen bei fast allen Enten ist der Flügelspiegel, der allerdings meist nur bei fliegenden Vögeln zu sehen ist. An diesem Federfeld kann man auch die Weibchen gut unterscheiden. Bereits Ende Februar beziehen die Stockenten ihr Brutrevier. Die Nester stehen gut versteckt in dichter Vegetation am Gewässerrand. Das Weibchen legt 7 bis 10 blaßgrüne Eier, die in der daunengefütterten Nestmulde 4 Wochen bebrütet werden.

## **Krickente** *Anas crecca*

Brutvogel in fast ganz Europa mit Ausnahme des Nordens und Südens, im mittleren und nördlichen Asien bis nach Japan. Die Krickente ist eine weitere Schwimmente, die aber deutlich kleiner ist als die Stockente. Im Flug kann man bei einiger Übung auch leicht den schnelleren Flügelschlag der kleinen Schwimmenten, Krick- und Knäkente, erkennen. Die Kopfzeichnung des Erpels ist charakteristisch, beim Weibchen fällt der außen schwarze, innen glänzend grüne, weiß eingefaßte Spiegel als Artkennzeichen auf, das natürlich auch beim Erpel vorhanden ist. Die Krickente brütet ebenfalls am Boden zwischen Sumpf- und Wasserpflanzen, unter Brombeergebüsch oder in Grasbülten. Das Nest ist – wie alle Entennester – aus trockenem Pflanzenmaterial gebaut, die Nestmulde ist mit dunklen Dunen ausgelegt, die über die Eier gezogen werden, wenn die Ente das Nest verläßt. Auf diese Weise tarnen die Enten ihre gefährdeten Bodennester zusätzlich. Krickenten legen 8 bis 10 Eier, die hellgelblich gefärbt sind. Die Gelege findet man im Mai und Juni.

## **Tafelente** *Aythya ferina*

Brutvogel in Mitteleuropa, in Deutschland vorwiegend östlich der Elbe, in West- und Süddeutschland nur vereinzelt und auf weite Strecken völlig fehlend. Die Tafelente – und die auf dieser und auf Seite 122 vorgestellte Reiher- und Schellente – gehören zusammen mit der Moor-, Kolben- und Bergente zur Gruppe der Tauchenten. Diese Entenarten beschaffen sich ihre Nahrung, in dem sie zum Grund der Gewässer hinuntertauchen. Sie können also in tieferem Wasser Nahrung suchen als die in ufernahen Bereichen gründelnden Schwimmenten. Die Tauchenten haben eine etwas andere Körperform als die Schwimmenten, denn sie muß natürlich in etwa an die Funktion, sich unter Wasser fortzubewegen, angepaßt sein: sie sind kürzer und flacher gebaut, und ihr Schwanz fällt meist mit der Wasserlinie zusammen. Übrigens, Tauchenten bewegen sich unter Wasser mit Hilfe ihrer Füße vorwärts und nicht etwa mit den Flügeln, wie es Alken und Pinguine, aber auch die Meerestauchenten – etwa die Eiderente – tun! Im Prachtkleid ist der Erpel kaum mit einer anderen Entenart zu verwechseln. Das Weibchen ist dunkelbraun gefärbt, die Kehle und die Seiten des Kopfes sind weißlichgrau. Wie die meisten Enten, baut auch die Tafelente sehr versteckte Nester. Das volle Gelege besteht aus 7 bis 11 grünlichgrauen Eiern, die das Weibchen in knapp 4 Wochen ausbrütet. In großen Mengen trifft man Tafelenten im Winter an, wo sich auf größeren Seen und Staubecken monatelang oft große Scharen aufhalten.

## **Reiherente** *Aythya fuligula*

Brutvogel vorwiegend in Nordeuropa und im nördlichen Asien. In Deutschland trifft man die Reiherente auf den Seen der norddeutschen Tiefebene an. Vereinzelte isolierte Brutplätze liegen im südlichen Deutschland. Zur Zugzeit oder während des Winters kann man die Reiherenten fast auf allen mitteleuropäischen Seen in großen Mengen beobachten. Das sind dann im wesentlichen Vögel, die in Skandinavien gebrütet haben und in Mitteleuropa bereits überwintern. Der Zug kann die Reiherenten aber auch bis Südeuropa, ja bis nach Afrika südwärts zum Äquator führen. Reiherenten brüten ganz versteckt in dichter Vegetation in Wassernähe. Bevorzugt werden kleine Inseln. 6 bis 14 Eier kann man im Nest der Reiherente finden, die normale Zahl liegt bei 8 bis 10. Ihre Farbe ist ein unscheinbares Grüngrau. Die Gelege findet man bei uns von Mitte Mai bis in den Juli hinein.

## **Schellente** *Bucephala clangula*

Brutvogel im nördlichen Europa und Asien. In Deutschland ist die Schellente nur auf dem Zug anzutreffen. Große Mengen dieser nordischen Tauchente überwintern hier, so daß man in dieser Jahreszeit immer wieder Möglichkeiten hat, den Vogel zu beobachten. Die Schellente ist insofern ein etwas ungewöhnlicher Entenvogel, als er in Baumhöhlen brütet. Dabei liegen die Höhlen meist direkt am Wasser. Es können natürliche Höhlen sein, die etwa der Schwarzspecht gebaut hat. Es werden aber auch Nistkästen angenommen, die man in Skandinavien bisweilen am Rande von Seen aufgehängt findet. Die Jungen – 8 bis 10 an der Zahl – werden kurz nach dem Schlüpfen vom Weibchen auf den Boden bzw. ans Wasser gelockt. Die kleinen Schellenten arbeiten sich mit ihren spitzen Krallen bis zum Eingang der Nisthöhle hoch und springen von dort aus den Lockrufen des Weibchens entgegen, ein Schauspiel, das man allerdings nur sehr selten erleben wird. Beobachtet man die Schellenten bei uns im Winter, wird einem auch klar, wie diese Ente zu ihrem Namen gekommen ist: fliegende Schellenten erzeugen ein Fluggeräusch, das ähnlich klingt wie wenn ein Stein über die dünne Eisdecke eines Tümpels tanzt.

## **Gänsesäger** *Mergus merganser*

Brutvogel auf Island, in Schottland, Skandinavien und der nördlichen Sowjetunion. In Norddeutschland brütet der Gänsesäger in den seenreichen Gebieten Schleswig-Holsteins, Mecklenburgs und Brandenburgs. Interessant sind einige isolierte Brutvorkommen im südlichen Deutschland, die aber sehr gefährdet sind. Es gibt 3 Arten von Sägern, neben dem Gänsesäger noch den Mittelsäger *(Mergus serrator)* und den Zwergsäger *(Mergellus albellus)*. Mittelsäger brüten bei uns an der Nord- und Ostseeküste, der Zwergsäger ist ein Vogel aus dem Norden. Allen 3 Sägerarten begegnet man am ehesten im Winter, wenn die Vögel weit umherstreifen. Überhaupt gehört eine Wasservogelexkursion zur Beobachtung der großen Scharen überwinternder Enten, Gänse und Säger zu den reizvollsten Beschäftigungen für den ornithologisch interessierten Naturfreund. Jeder Tag kann neuen Zu- oder Wegzug bringen, und man hat immer wieder die Chance, einen seltenen Gast unter den vielen häufigen Wasservogelarten zu entdecken. Ein gutes Fernrohr sollte wegen der meist großen Entfernungen nicht fehlen.

## **Rohrweihe** *Circus aeruginosus*

Brutvogel in fast ganz Europa, außerdem in großen Teilen der Sowjetunion und in Vorderasien. Die in Mitteleuropa brütenden Rohrweihen ziehen bis nach Afrika, einige überwintern aber bereits in den Mittelmeerländern. Bisweilen bleiben einige Vögel auch im Winter bei uns. Mitte April treffen die Rohrweihen wieder im Brutgebiet ein. Dann kann man über größeren Seen mit breiten Schilfgürteln die herrlichen Balzflüge dieser Greifvögel beobachten, die in dieser Zeit besonders ruffreudig sind. Im dichten Röhricht wird ein umfangreicher Horst gebaut. Schilf- und Binsenhalme, Zweige von Birken und Erlen dienen den bussardgroßen Rohrweihen als Nistmaterial. 4 bis 5 kalkig weiße Eier werden gelegt und rund 5 Wochen lang bebrütet. Volle Gelege findet man meist in der zweiten Mai- und ersten Junihälfte. Das Männchen, auf dem Bild gut zu sehen, ist mit seinem braunen Gefieder mit dem grauen Stoß gut vom Weibchen zu unterscheiden, das zu einem fast einfarbig braunen Gefieder einen gelben Oberkopf, Nacken und Kehle zeigt. Die Rohrweihen sind typische Greife größerer Seen, wo sie in gaukelndem Flug die Ufer entlang patrouillieren, Wasservögeln nachzustellen.

## **Fischadler** *Pandion haliaëtus*

Brutvogel praktisch auf der ganzen Erde mit Ausnahme der Polargebiete, wobei sich allerdings 3 Rassen dieses Adlers unterscheiden lassen. Die Brutbestände des Fischadlers sind in den letzten Jahrzehnten dramatisch zurückgegangen, vor allem im dicht besiedelten Mitteleuropa. Daran ist in erster Linie die unablässige Verfolgung durch den Menschen schuld. Fischadler fressen nun mal Fische, daher sind die Vögel – wie auch der Graureiher – Nahrungskonkurrenten des Menschen. Die Gewässerverschmutzung hat ein übriges beigetragen. Als die Vögel selten geworden waren, kamen fanatische Eiersammler und raubten den letzten Brutpaaren die wenigen Eier. Heute kann man dem Fischadler noch an manchen Stellen in Norddeutschland und vor allem in Skandinavien begegnen, wo er auf hohen Bäumen seinen großen Horst errichtet und oft Jahre hintereinander benutzt. In Schottland sind die Bestände mittlerweile etwas angestiegen, nicht zuletzt wegen der dort laufenden Aufklärungskampagnen in der Bevölkerung. Millionen von Briten haben mittlerweile den Adlern aus getarnten Unterständen mit starken Fernrohren ins Nest sehen können. Die Horstbäume müssen allerdings auch hier mit Stacheldraht und elektronischen Warnanlagen ausgerüstet werden, um auch die dreistesten unter den Eiersammlern abzuschrecken.

## **Bläßhuhn** *Fulica atra*

Brutvogel in ganz Europa, in Nordafrika und großen Teilen Asiens. Das Bläßhuhn ist in ganz Mitteleuropa auf Seen, Teichen und Tümpeln ein überaus häufiger und typischer Brutvogel. Es gehört in die Gruppe der Rallen, zu der auch das auf dieser Seite noch vorgestellte Teichhuhn, sowie Wasserralle *(Rallus aquaticus),* Tüpfelsumpfhuhn *(Porazana porzana),* Kleines *(Porzana parva)* und Zwergsumpfhuhn *(Porzana pusilla)* zählen. Die Wasserralle und die 3 Sumpfhuhnarten sind ebenfalls an Gewässern anzutreffen, aber mehr in den landeinwärts gelegenen Sumpfwiesen, in Seggenbeständen und ähnlichen Biotopen. Alle führen eine ausgesprochen heimliche Lebensweise und sind meist nur an ihren Rufen festzustellen, die für die einzelnen Arten sehr typisch sind. Das Bläßhuhn dagegen trifft man überall regelmäßig an. Seine Rufe, die wie »köw, köw« und scharf »pix« klingen, machen den Beobachter zudem sehr schnell auf den Vogel aufmerksam. Im Winter treiben sich Bläßhühner oft in großen Trupps auf Teichen und Flußarmen herum. Sie wagen sich auch mitten in die Städte und lassen sich wie manche Enten und die Lachmöwen von Spaziergängern füttern. Nur selten entschließen sich die Vögel aufzufliegen. Dabei laufen sie flügelschlagend eine Strecke über das Wasser, um dann schwerfällig abzuheben. Bläßhühner bauen ihre Nester meist in nicht zu dichten Seggen- und Rohrbeständen; oftmals sind die 6 bis 10 grauen, rotbraun gefleckten Eier durch eine Haube aus Halmen gegen Sicht aus der Luft geschützt.

## **Teichhuhn** *Gallinula chloropus*

Brutvogel in fast ganz Europa und Asien. In Mitteleuropa ist das Teichhuhn überall ebenso häufig wie das Bläßhuhn und brütet auch an kleineren Teichen und Tümpeln, wenn diese nur genügend dichten Pflanzenwuchs aufweisen. Wegen seiner versteckteren Lebensweise fällt das Teichhuhn aber weniger auf als das Bläßhuhn, wenn man auch den typischen »kürrrk«-Ruf kaum überhören kann. Im September beginnen die Teichhühner, nach Süd- und Westeuropa zu ziehen, viele Teichhühner bleiben aber auch im Winter im Brutgebiet. Von Mitte März an werden die Brutreviere bezogen. Im dichten Pflanzenwuchs am Rande des Gewässers wird ein verstecktes Nest aus trockenen Pflanzenstengeln gebaut. Von Anfang Mai bis in den Juli hinein findet man die Gelege, die meist aus 7 bis 10 rötlichgrauen Eiern bestehen, die gleichmäßig mit rotbraunen Flecken übersät sind.

## **Flußregenpfeifer** *Charadrius dubius*

Brutvogel in fast ganz Europa und in großen Teilen Asiens sowie in Nordwestafrika. In Europa fehlt der Flußregenpfeifer allerdings auf den Britischen Inseln. In Deutschland brütet der Flußregenpfeifer an allen ihm zusagenden Stellen, und das sind Sand- und Schotterbänke am Rande von Flüssen und Seen, sandige Teichufer, Kiesgruben und aufgelassene Braunkohlen-Tagebaue. Nur an den Küsten fehlt der Flußregenpfeifer zur Brutzeit. Dort vertreten ihn der nahe verwandte Sandregenpfeifer *(Charadrius hiaticula)* und der Seeregenpfeifer *(Charadrius alexandrinus)*, die vor allem durch die unterschiedliche Ausprägung des Halsbandes und die Kopfzeichnung vom Flußregenpfeifer unterschieden sind. Mitte April erscheinen die Vögel an ihren Brutplätzen. In eine flache Mulde im Boden – von einem Nest kann man bei den Regenpfeifern kaum sprechen – werden 4 kreiselförmige Eier gelegt, die auf sandfarbenem Grund schwarzbraun gefleckt sind. Diese Gelege zu finden, ist eine Kunst, so gut »verschwimmen« sie mit der Umgebung. Auch die Jungen – Nestflüchter wie alle Limikolen – tragen ein tarnfarbiges Jugendkleid. Und wenn man sie auch noch vor sich hat laufen sehen und genau gesehen hat, wo sich so ein junger Regenpfeifer zwischen den Steinen versteckte, ist es doch schwer, ihn zu entdecken, selbst wenn man nur wenig von ihm entfernt ist. Im August/September ziehen die Flußregenpfeifer südwärts, um im Mittelmeergebiet und im nördlichen Afrika zu überwintern. Zur Zugzeit trifft man diesen Regenpfeifer dann auch an Stellen an, wo man ihn zur Brutzeit vergeblich suchen würde.

## **Flußuferläufer** *Actitis hypoleucos*

Das Brutgebiet umfaßt das gesamte nördliche und mittlere Europa und Asien. In Mitteleuropa brütet der Flußuferläufer überall an ihm zusagenden Ufern fließender Gewässer. Er fehlt aber auch nicht an schlammigen Ufern von Seen und Teichen. Durch die zunehmende Verbauung der Ufer unserer Flüsse hat natürlich der Lebensraum der Flußuferläufer stark abgenommen. Dasselbe gilt auch für den oben vorgestellten Flußregenpfeifer, dasselbe gilt für den Eisvogel und viele andere Vogelarten, die am Rande von Flüssen und Bächen Brutmöglichkeiten finden würden – wären sie nicht betoniert, die Ufervegetation zerstört. Mitte April erscheinen die Flußuferläufer aus ihren südlichen Winterquartieren wieder im Brutgebiet. Ab Mitte Mai findet man die Gelege aus 4 kreiselförmigen Eiern, die auf rötlichem Grund dunkelbraun gefleckt sind.

## **Lachmöwe** *Larus ridibundus*

Brutvogel in großen Teilen Europas und Asiens. In Mitteleuropa brütet die Lachmöwe in größeren See- und Teichgebieten und ist auch an der Ostseeküste, weniger an der Nordseeküste, ein häufiger Brutvogel. Lachmöwen brüten in großen Kolonien, die sie in der zweiten Märzhälfte beziehen. Von da an bietet so eine Möwenkolonie eine Fülle von Beobachtungsmöglichkeiten. Zunächst das Balzverhalten der Vögel, das gerade bei den Möwen sehr ausgeprägt ist. Paarung und Nestbau lassen sich ebenfalls leicht beobachten, denn die Lachmöwennester stehen – je nach den Gegebenheiten des Gewässers – meist frei auf Seggenbülten, auf angeschwemmten Schilfhaufen, kleinen Inseln oder kurzrasigen Wiesen am Rande des Gewässers, aber immer frei, so daß man alle Einzelheiten mit dem Fernglas beobachten kann. Ende April brüten die Lachmöwen auf ihren Gelegen aus 3 olivbraunen, dunkel gefleckten Eiern. Nach 23 Tagen schlüpfen die Jungen. Auch ihre Aufzucht läßt sich gut verfolgen. Am interessantesten ist aber sicher das Verhalten der Möwen den in der Nähe brütenden Artgenossen gegenüber. Denn wo viele Vögel auf engem Raum zusammen brüten, gibt es immer wieder Konflikte, zu deren Lösung die Möwen auffällige Verhaltensweisen entwickelt haben. So ist beispielsweise das Drohverhalten sehr ausgeprägt. Zu sehen sind auch immer wieder kleine Streitereien. Und dazu kommt ein ständiger Lärm. Viele unserer Lachmöwen ziehen im Herbst nach Süden, die meisten bleiben aber im weiteren Brutgebiet und treiben sich dann überall – auch in den Städten – an Flüssen und Seen herum.

## **Flußseeschwalbe** *Sterna hirundo*

Brütet in fast ganz Europa und – in einer anderen Rasse – in Teilen Nordamerikas. Die Flußseeschwalbe ist bei uns in Deutschland sicher ein Problemvogel, der infolge unsinniger Flußregulierungen stark abgenommen hat. Um die wenigen im Binnenland verbliebenen Brutplätze machen sich die Ornithologen und Vogelschützer Sorgen. Dagegen hat diese Seeschwalbe noch gesicherte Brutvorkommen an der Küste, vor allem im Bereich der ost- und nordfriesischen Inseln. Und gerade die kleinen der Nordseeküste vorgelagerten Vogelinseln – Trischen, Norderoog, Scharhörn u. a. – beherbergen große Brutkolonien, in denen auch die Flußseeschwalbe noch gut vertreten ist. Flußseeschwalben brüten im Binnenland vor allem an größeren Flüssen, auf Kies- und Schotterbänken oder auf kurzrasigem Grünland. Die Gelege aus 3 olivbraunen, dunkel gefleckten Eiern findet man von Mitte Mai an.

## **Teichrohrsänger** *Acrocephalus scirpaceus*

Brutvogel in großen Teilen Mittel- und Südeuropas und in Nordwestafrika und Vorderasien. Bei uns kommt der Teichrohrsänger an allen größeren und kleineren Seen und Weihern vor, wo er in Röhrichtbeständen sein Nest baut. Die Rohrsänger sind wohl die charakteristischste Singvogelgruppe, die an stehenden Gewässern vertreten ist. Der Teichrohrsänger ist unter ihnen der häufigste. Demgegenüber treten der große Drosselrohrsänger *(Acrocephalus arundinaceus),* der Schilfrohrsänger *(Acrocephalus schoenobaenus)* oder der Seggenrohrsänger *(Acrocephalus paludicola)* bestandsmäßig zurück. Die Gesänge der Rohrsänger sind allesamt recht ähnlich, wenn auch für jede einzelne Art typisch. Im Gefieder zeigen die Rohrsänger kaum größere Unterschiede, wenn auch Schilf- und Seggenrohrsänger charakteristische Streifenfärbungen am Kopf aufweisen. Hier hilft ein guter Vogelführer weiter, den man vielleicht auch gleich weiter zu Rate ziehen sollte, um sich mit dem Aussehen von Rohr- und Schlagschwirl *(Locustella luscinioides* und *L. fluviatilis)* zu beschäftigen. Diese beiden unscheinbaren Singvögel kommen im gleichen Lebensraum wie die Rohrsänger vor, und man kann sie leicht mit diesen verwechseln, wenn dies auch für ihren Gesang – ein langanhaltendes Schnurren – nicht zutrifft.
Die Rohrsänger sind regelrechte Spezialisten, die sich an das Leben in den Schilfbeständen hervorragend angepaßt haben. Außerordentlich geschickt klettern sie an den Schilfhalmen auf und ab, und von der hohen Warte eines Halmes lassen sie auch ihre Gesänge hören. Aber noch interessanter ist ihr Nestbau, denn auch hier bieten die Schilfhalme den einzigen Haltepunkt. Mehrere Stengel werden mit Grashalmen, Schilfblättern und ähnlichem Material zusammengehalten, so daß eine kleine Plattform entsteht, die allmählich immer höher gebaut wird. Die Schilfstengel dienen als Stützpfeiler und werden entsprechend dieser Funktion dicht umwoben, bis schließlich ein Nest mit einer tiefen Mulde entsteht. Diese Bauweise ist einerseits stabil, andererseits aber auch flexibel, denn bei Wind werden die Schilfhalme stark in Bewegung gebracht, und das Rohrsängernest darf in solchen Situationen nicht auseinanderreißen. Die tiefe Mulde schützt die Eier und Jungen davor, bei Wind aus dem Nest herausgeworfen zu werden. Teichrohrsänger legen nach ihrer Ankunft Anfang Mai und dem Nestbau 4 Eier. Doch oft stellt sich bei diesem Vogel der Kuckuck als Brutschmarotzer ein, wobei sich für den Ornithologen die interessante Frage erhebt, wie ein so großer Vogel auf dem kleinen Rohrsängernest Platz findet, um sein Ei abzulegen.

## **Wasseramsel** *Cinclus cinclus*

Die Wasseramsel ist in einer Vielzahl von Rassen über große Teile Europas und Asiens verbreitet und kommt auch in Nordwestafrika vor. In Deutschland brütet sie vor allem in den Mittelgebirgen und Alpen, denn hier findet sie den ihr zusagenden Lebensraum, klare, schnellfließende Bäche. In vielen Gegenden ist der Vogel heute selten geworden. Bei uns bleibt die Wasseramsel das ganze Jahr über im Brutgebiet, wenn sie auch außerhalb der Brutzeit weit umherstreift. Der Vogel baut sein umfangreiches Nest aus Moos fast immer in Hohlräume unter Brücken, in Uferböschungen und -mauern. 4 bis 6 weiße Eier werden vom Weibchen abgelegt, meist werden 2 Bruten im Jahr aufgezogen. Die Wasseramsel ist vor allem bemerkenswert, weil sie ihrer Beute, vor allem Wasserinsekten, unter Wasser nachstellt. Sie springt dabei von einem Stein ins Wasser und läuft eine Zeitlang auf dem Grund des Baches entlang, um kurze Zeit später an einer anderen Stelle wieder aufzutauchen.

## **Eisvogel** *Alcedo atthis*

Brutvogel in fast ganz Europa. Aber auch dieser Vogel ist in seinem Bestand durch die zunehmende Verschmutzung vor allem der Fließgewässer gefährdet. Denn hier geht er auf Jagd nach kleinen Fischen, indem er von einem Ansitzast aus ins Wasser stürzt und mit dem Schnabel den Fisch ergreift. Sein Nest legt der Eisvogel in senkrechten Uferwänden aus Sand oder Lehm an, indem er eine Röhre von 0,5 bis 1 m Länge hineingräbt, die am Ende kesselartig erweitert wird. Hier legt das Weibchen 6 bis 7 weiße Eier. Meist finden 2 Bruten im Jahr statt. Da die Eisvögel im Winter meist im Brutgebiet bleiben und nur weiterziehen, wenn ihre Wohngewässer zufrieren, können harte Winter große Lücken in ihre Bestände reißen, wie es vor einigen Jahren geschehen ist.

## **Gebirgstelze** *Motacilla cinerea*

Die Gebirgstelze brütet in großen Teilen Europas und Asiens, wo sie fast ausschließlich in der Nähe von Bächen und Flüssen anzutreffen ist. Soweit die Vögel im Winter nicht im Brutgebiet bleiben, kehren sie in der zweiten Februarhälfte dorthin zurück. Das Nest steht fast immer in Halbhöhlen und Nischen in Ufermauern, unter Brücken, an Mühlen und Wehren. Zweimal im Jahr – im April und im Juni – brüten die Gebirgstelzen. Meist legen sie 5 Eier, die auf grüngelbem Grund rotbraun gewölkt sind. Im Oktober verlassen die meisten Vögel ihr Brutgebiet wieder, um in Südeuropa, teils auch in Nordafrika zu überwintern.

## **Wasserspitzmaus** *Neomys fodiens*

In fast ganz Europa verbreitet und in der nördlichen Hälfte Asiens. Hier lebt diese rund 10 cm lange Spitzmaus am Ufer von meist ruhig fließenden Gewässern, von denen sie sich nur selten einmal entfernt. Sie ist ein sehr reges Tier und meist tagsüber und während der Nacht aktiv, wenn auch die Nachtaktivität überwiegt. Sie schwimmt viel und gut, taucht sehr geschickt und läuft den Grund des Gewässers entlang, immer auf der Suche nach Beute, die aus Kleinkrebsen, Würmern, Schnecken und Wasserinsekten besteht. Sie greift aber gelegentlich auch Fische und Frösche an. Die Wasserspitzmaus bewohnt öfter die Gänge anderer Kleinsäuger, gräbt sich ihren Bau aber auch selbst. Das Nest ist ein großer, fester Ball aus Laub, Grashalmen und Moos. Die Fortpflanzungszeit der Wasserspitzmaus liegt zwischen April und September. Nach rund 90 Tagen Tragzeit werden 4 bis 8 blinde Junge geboren, die nach etwa 2 Wochen ihre Augen öffnen. Ungefähr 50 Tage werden die Jungen gesäugt. Schon im ersten Jahr werden sie geschlechtsreif. Wasserspitzmäuse haben 2 bis 3 Würfe pro Jahr und werden etwa 2 Jahre alt.

## **Bisamratte** *Ondrata zibethicus*

Die Bisamratte stammt ursprünglich aus Nordamerika. Da man dieses Nagetier wegen seines geschätzten Felles als eine Bereicherung der europäischen Tierwelt empfand, wurden Bisams 1905 bei Prag ausgesetzt, ohne daß man überlegt hätte, welche Folgen eine solche Einbürgerung haben könnte. Heute haben sich die Bisamratten in Mittel- und Osteuropa stark ausgebreitet, wo sie sich an stehenden und langsam fließenden Gewässern und in Sumpfgebieten mittlerweile sehr wohl fühlen. Bevorzugt werden mit Sumpfpflanzen und Gebüsch bestandene Ufer von Teichen, Kanälen, Flüssen und Bächen. Und überall legen sie in den Uferböschungen umfangreiche Erdbaue an, die oft schon dazu geführt haben, daß Dämme und Deiche völlig unterwühlt wurden. Heute sind die Bisams also ein Plage geworden, und überall sind Bisamjäger am Werk, den Nagern mit ihren Fallen nachzustellen, um die Schäden in Grenzen zu halten. Bisamratten werden bis zu 40 cm lang und 1,5 Kilogramm schwer. Ihre Fortpflanzungszeit liegt zwischen April und Oktober. Die Tragzeit dauert etwa 1 Monat, es werden 5 bis 9 Junge geboren, die mit 3 bis 5 Monaten geschlechtsreif werden. Bisamratten werfen dreimal im Jahr, so daß die Bisamjäger kaum Angst um ihren Job haben müssen. Die pelztragenden Wühler werden wohl in der europäischen Fauna erhalten bleiben.

## **Nutria, Biberratte, Sumpfbiber** *Myocastor coypus*

Die Heimat der Nutria liegt in Südamerika. Als Pelztier wurde sie nach Europa in Zuchtfarmen geholt, aus denen einzelne Tiere entwichen, und heute haben sich an vielen Stellen Kolonien gebildet, die bei uns allerdings durch strenge Winter stark dezimiert werden können. In Südeuropa halten sich die Tiere besser. Nutrias werden etwa hasengroß und wiegen 6 bis 9 kg. Ihr Lebensraum sind pflanzenreiche Gewässer im Flachland und im Mittelgebirge. Die Tiere sind vorwiegend in der Dämmerung aktiv, sie schwimmen sehr gut, sind aber nur mäßige Taucher. Ihre Wohnhöhlen graben sie in die Uferböschungen und darin wird aus dürrem Pflanzenmaterial das Nest angelegt; der Eingang zum Bau liegt meist über dem Wasserspiegel. Nutrias sind das ganze Jahr über fortpflanzungsfähig. Es kommen aber nur 2 Würfe pro Jahr vor, da die Tragzeit bei rund 130 Tagen liegt. In der Regel werden 5 bis 6 Junge geboren, die mit 3 Monaten selbständig und nach weiteren 3 Monaten geschlechtsreif werden. Nutrias ernähren sich vorwiegend von Wasserpflanzen, Wurzeln, Gräsern und anderer pflanzlicher Kost.

## **Biber** *Castor fiber*

Schaut man heute auf die Verbreitungskarte des Bibers, so sieht das Bild für Europa sehr lückig aus: Das Elbegebiet und die südliche Rhône sind Stellen, wo man – neben großen Gebieten in Skandinavien – den Biber noch antreffen kann. Wegen seines kostbaren Pelzes hat man diesen größten europäischen Nager – er kann immerhin 90 cm lang und 35 kg schwer werden – rücksichtslos bejagt. Hinzu kamen die unseligen Flußbegradigungen und die Abholzung der Weichhölzer in den für den Biber lebensnotwendigen Auwäldern der Flüsse. So ist das heutige Vorkommen nur der Rest des früheren Verbreitungsgebietes. Mittlerweile versucht man von Seiten des Naturschutzes, den Biber in geeigneten Gebieten wieder einzubürgern. Biber sind vorwiegend nachtaktiv. Auf die Spuren ihrer Nagetätigkeit stößt man eher; die angenagten oder gefällten Bäume sprechen eine beredte Sprache. Die Tiere graben sich Höhlen in die Ufer, meist mit einem Unterwasserzugang. Oft bauen sie auch große Burgen aus Ästen und feinen Zweigen, und zur Wasserstandsregulierung des Wohngewässers werden große Knüppeldämme angelegt. Der Biber ist also eines der wenigen Tiere, die auf drastische Weise ihren Lebensraum verändern können. Die Paarungszeit der Biber liegt im Februar und März. Nach einer Tragzeit von rund 100 Tagen werden 2 bis 3 Junge geboren, die lange bei den Eltern bleiben und erst mit 4 Jahren geschlechtsreif werden.

## **Fischotter** *Lutra lutra*

Der Fischotter ist über ganz Europa verbreitet, mit Ausnahme vieler Mittelmeerinseln und Islands. Auch in Nordafrika und Teilen Asiens kommt er vor. Aber dieses Bild täuscht, denn sein Lebensraum wird ständig stärker eingeschränkt, so daß er heute in vielen Gebieten seines Verbreitungsgebietes nahezu ausgerottet ist. Denn er bevorzugt saubere stehende und fließende Gewässer, vor allem Bäche und Flüsse, deren Ufer dem Wassermarder Deckung und Unterschlupf bieten. Im Gebirge ist er bis in 2500 Meter Höhe anzutreffen. Aber es ist leicht vorzustellen, wie Gewässerverschmutzung und Uferverbauung den Lebensraum der Tiere beschneiden müssen.

Fischotter werden bis 80 cm lang und bis zu 15 kg schwer. Charakteristisch für diesen Marder sind die Schwimmhäute zwischen Vorder- und Hinterzehen. Hauptsächlich schwimmen die Otter aber mit dem Schwanz, unterstützt durch die Hinterfüße. Beim schnellen Schwimmen benutzen sie nur den Schwanz. Fischotter sind vorwiegend Nachttiere, doch sind sie in ruhigen Gebieten auch tagsüber tätig. Regelmäßig unternehmen sie Streifzüge an ihrem Wohngewässer entlang, aber auch weit über Land. Es wird beschrieben, daß Fischotter morgens und manchmal auch tagsüber bachabwärts herumstreifen, in der Abenddämmerung und nachts legen sie den gleichen Abschnitt in umgekehrter Richtung zurück. Diese Lebensweise wird unterstützt dadurch, daß der Otter verschiedene Baue entlang seines Gewässerabschnitts anlegt, die er unterschiedlich oft besucht. Die Baue weisen meist einen Zugang unter der Wasseroberfläche auf und einen Luftschacht. Daneben benutzt er aber auch Unterschlupfe in hohlen Bäumen und natürlichen Uferhöhlen. Die Tiere leben einzeln oder in kleinen Verbänden.

Die Biologie der Fischotter ist bisher immer noch relativ schlecht bekannt. Sicher wird sich das aber in den kommenden Jahren ändern, denn in einigen Wildparks werden Fischotter unter fast natürlichen Bedingungen gehalten, vermehrt und nach Möglichkeit an geeigneten Stellen wieder ausgesetzt – eine Entwicklung, die Anlaß zu einigen Hoffnungen gibt. Fischotter scheinen keine fest begrenzte Paarungszeit zu haben, man kann junge Otter das ganze Jahr über antreffen, wenn man überhaupt in freier Natur einmal das Glück hat, sie zu beobachten. Nach einer Tragzeit von rund 60 Tagen gebärt das Weibchen 2 bis 4 Junge, die mit 6 bis 9 Monaten selbständig werden, aber danach noch längere Zeit mit der Mutter zusammenbleiben. Da Fischotter ausgesprochen verspielte Tiere sind und dabei noch sehr stimmfreudig, gehört die Beobachtung einer Familie in voller Aktion zum Reizvollsten, was eine Gewässerexkursion dem Naturfreund bieten kann.

# Register

## Deutsche Namen

## Wissenschaftliche Namen

---